"立德树人"背景下初中德育教学管理研究

周延辉　著

吉林大学出版社

·长春·

图书在版编目（CIP）数据

"立德树人"背景下初中德育教学管理研究 / 周延
辉著 . —— 长春 : 吉林大学出版社 , 2022.8
ISBN 978-7-5768-0931-2

Ⅰ . ①立… Ⅱ . ①周… Ⅲ . ①德育－教学研究－初中
Ⅳ . ① G631

中国版本图书馆 CIP 数据核字（2022）第 200269 号

书　　名　"立德树人"背景下初中德育教学管理研究
　　　　　"LIDE SHUREN" BEIJING XIA CHUZHONG DEYU JIAOXUE GUANLI YANJIU

作　　者　周延辉 著
策划编辑　矫正
责任编辑　郭湘怡
责任校对　李潇潇
装帧设计　久利图文
出版发行　吉林大学出版社
社　　址　长春市人民大街 4059 号
邮政编码　130021
发行电话　0431-89580028/29/21
网　　址　http://www.jlup.com.cn
电子邮箱　jldxcbs@sina.com
印　　刷　天津和萱印刷有限公司
开　　本　787mm×1092mm　1/16
印　　张　13.5
字　　数　200 千字
版　　次　2023年5月　第1版
印　　次　2023年5月　第1次
书　　号　ISBN 978-7-5768-0931-2
定　　价　78.00 元

前 言

2014 年，教育部印发《关于全面深化课程改革落实立德树人根本任务的意见》，立德树人的重要意义在该意见中得到了明确规定，并将其设为中国特色社会主义教育事业发展的核心，也是实现学生自身全面发展的重要要求。21 世纪，课程改革不断推动教育体系的深化，使我国的教育既满足时代性又具有规律性。作为教育根本任务，立德树人有力推动着育人方式的不断变革，使我国在提高育人水平的同时能提升国民素质，对人力资源强国的建设、教育发展的前瞻性与人才培养时代性具有重大意义。

习近平总书记在全国教育大会上强调，要把立德树人融入教育各环节，贯穿教育各领域。中学阶段处于学生成长的关键期，在学校中落实立德树人根本任务有着非常重要的现实价值与长远意义。因此，中学的教育需要将立德树人作为教育的旗帜，在政治方向和价值观念上严格遵循党的教育方针，秉持学校的立校文化与育人目标，为社会培养更多优秀的学生。

随着我国综合国力的不断增强，国际交流合作日益密切，文化多元与价值多元成为不可逆转的社会现实。在多元背景的冲击下，我国中学德育工作面临诸多挑战。学校德育管理如何把握德育发展方向；如何强化德育价值，提高德育在全面发展教育中的地位；如何优化德育功能，为受教育者创造良好的成长环境；又该如何提高德育效率，提升德育队伍综合素养，使道德教育更加科学化、合理化。如此种种的问题是新时代学校德育需要研究和解决的重要问题，也是初中德育落实"立德树人"的关键。总体而言，与时俱进、顺应时代是提升初中德育管理能力，发挥初中德育工作最大效益的关键。

德育对社会产生重要影响。德育是维系社会政治和谐稳定、经济可持续发展、文化传承创新、人与自然和谐共处和强国富民的得力武器。对社会而言，德育在培养政治人才、促进生产力发展、培育公民道德、传承和创新优秀传统文化等方面具有重要作用。此外，对个体而言，德育对调节人与自然的关系，指导人类形成正确的自然行为实践、促进个体在道德实践中的幸福感，实现自身价值等方面也具有重要意义。

加强学校德育管理建设是习近平新时代中国特色社会主义思想的要求。《教育部关于〈印发中小学德育工作指南〉的通知》中强调，管理育人要积极推进学校治理现代化，提高学校管理水平，将中小学德育工作的要求贯穿于学校管理制度的每一个细节之中。要做到完善管理制度、明确岗位责任、加强师德师风建设、细化学生行为规范、关爱特殊群体。在习近平新时代中国特色社会主义思想背景下，我国教育事业已进入中国特色社会主义新征程，教育的大环境、供需关系、资源配置条件等方面都发生了翻天覆地的变化，面对教育新形势，落实立德树人的根本任务，需要加强学校德育管理建设。

提高初中德育管理科学性和实效性是当务之急。目前，学校、家庭、社会还存在重才智轻德育的现状。初中德育管理在实践中也出现把德育管理与德育目标等同，将常规管理量化考核与惩戒作为德育的主要手段，学习者主体地位削弱，德育课程建设滞后等问题。因此，提高当前初中德育管理的科学性和实效性，是解决初中德育管理问题的关键。

基于此，本书以"立德树人"背景下初中德育教学管理为研究主题。全书分为上、中、下三篇，每篇设置三个章节。上篇主要立足于探讨初中德育的理念，从阐述"立德树人"的主要内容与价值意蕴着手，探讨积极德育与绿色教育理念的内涵及其在初中德育管理中的实践，在此基础上，深入剖析初中生道德发展的特殊性及初中德育教学管理现状。中篇主要探讨初中德育内容问题，从初中德育教科书的内容选择着手，对初中"道德与法治"等德育生活性课程进行教学分析；重点探讨语文、英语、数学、物理、化学、生物等各学科教学中的德育渗透路径；并阐述心理咨询、校史资源在初中德育中的运用和德育活动的有效实践，进一步完善初中德育教学内容。下篇主要探寻初中德育教学管理的实践路径，以案例分析的方式阐述初中德育导师制和初中德育一体化的实施情况及完善措施，并针对新媒体及新媒体环境对初中生和初中德育教育的影响提出应对策略。

　　由于笔者实践经验不足及研究水平有限，本书尚存在许多不足之处，如对相关理论的分析和探究不够到位，学科德育渗透的方式方法挖掘不够深入等。在今后的工作中，笔者将持续学习和关注初中德育教学管理的研究，搜集最新的德育教育元素和资料，探究在实践过程中更卓有成效的途径。

　　德育教育是人类永恒不变的话题，所谓道德既是教育的最高目标，又是人类发展的最高目标。教育第一线的工作人员，最重要的任务就是教书育人，这是不可推卸的责任，更是要长期奋斗的任务。

　　德育工作要收到良好的效果，仅凭教育工作者的积极努力是不够的，还需要社会各界人士的关心、参与与支持。"以人为本""全员德育""全面育人"都不应该只是口号，而应扎实地体现在学校工作中体现。

目　录

第一章 "立德树人"的主要内容与价值意蕴 ……………………… 1

　第一节 "立德树人"的主要内容 …………………………… 2

　第二节 "立德树人"的价值意蕴 …………………………… 16

第二章 积极德育与绿色教育理念在初中德育管理中的实践 ……… 23

　第一节 积极德育在初中德育管理中的实践 ……………… 23

　第二节 绿色教育理念在初中德育管理中的实践 ………… 37

第三章 "立德树人"背景下初中德育教学管理现状分析 ……… 48

　第一节 初中生道德发展的特殊性分析 …………………… 48

　第二节 "立德树人"背景下初中德育教学管理现状分析 …… 56

第四章 初中德育教科书的价值定位 ……………………… 68

　第一节 初中德育教科书的内容选择 ……………………… 68

　第二节 初中德育教科书的价值追求 ……………………… 73

　第三节 初中"道德与法治"德育生活性教学分析 ………… 79

第五章 初中课程教学的德育渗透 ……………………… 90

　第一节 语文、英语教学的德育渗透 ……………………… 90

　第二节 数学教学的德育渗透 ……………………… 95

　第三节 地理、历史教学的德育渗透 ……………………… 106

　第四节 生物教学的德育渗透 ……………………… 114

第五节 物理、化学教学的德育渗透 ·············· 120

第六节 体育、音乐教学的德育渗透 ·············· 128

第七节 初中德育校本课程开发的实践 ·············· 133

第六章 初中德育教学管理中的资源整合 ·············· 138

第一节 心理咨询在初中德育中的运用 ·············· 138

第二节 校史资源在初中德育中的运用 ·············· 148

第三节 德育活动的有效实践 ·············· 150

第七章 初中德育导师制的探索 ·············· 159

第一节 实施初中德育导师制案例分析 ·············· 160

第二节 初中德育导师制的经验总结及完善对策 ·············· 170

第八章 初中德育一体化的实践 ·············· 182

第一节 初中德育一体化概述 ·············· 182

第二节 初中德育一体化案例分析 ·············· 186

第三节 初中德育一体化的实践路径 ·············· 197

附 录 ·············· 204

参考文献 ·············· 206

第一章 "立德树人"的主要内容与价值意蕴

我国教育的优良传统和根本任务在于立德树人。"师者，所以传道、授业、解惑也"[①]，自古以来"传道"都是教师教学的首要目标。虽然时代在不断前进发展，但教育要坚持立德树人的根本目标始终不曾动摇。进入新时代，我国更加重视学生道德素质的培养与提升，2017 年 10 月，习近平总书记在党的十九大报告中指明，要全面贯彻党的教育方针，落实立德树人的根本任务。2018 年 9 月 10 日，习近平总书记在全国教育大会上再次强调，要把立德树人融入思想道德教育、文化知识教育、社会实践教育各环节，要深化教育体制改革，健全立德树人落实机制。落实机制，将作为撬动立德树人充分实现的落脚点，同时是落实实践的运行方式。习近平总书记提出落实机制是破除教育困境的重大方略，从指导思想、教师素质、课程改革、思政教学等多个方面落实立德树人的根本任务。习近平关于教育的重要论述是将教育问题作为驱动，坚持辩证唯物主义的观点，将"健全立德树人落实机制"作为解决现实问题的主要矛盾，势必能从全局上推进立德树人。

因此，本章以立德树人的概念界定为起点，探寻立德树人的历史溯源，重点阐述党的教育方针与立德树人的主要内容，并分析立德树人的理论价值、实践价值和时代价值，为全书的研究提供理论指导。

[①] 韩愈.《韩昌黎文集校注·师说》卷一（第 2 版）[M]. 上海：上海古籍出版社，2014：134.

第一节 "立德树人"的主要内容

一、立德树人概念界定

立德中的"德"是指个体高尚的思想品德与良好的自我修养；树人，就是培养全面发展、个性优长的高素质的人才。道德养成是立德的重要途径，能力培养是"树人"的目标指向；"立德"为"树人"之本，"树人"为"立德"之标，二者之间是辩证统一关系。立德树人的基本概念分为"立德"和"树人"两个方面，首要的是理清"德"与"人"之间的关系，基于我国国情与育人导向，立德树人，培育的是中国人，中华民族几千年的传统文化构成了魂之底色、育之方式和精神支撑。

立德树人是一种综合化的路径培养模式，是在人才的培养和完善过程中体现出来的一种综合的价值输出，其核心内容是先立德，注重自我的品德修养、道德模范，并融入综合素养中去，最后树出完整的人。其中的"德"是核心，其含义是丰富多元的，要树立坚定的共产主义理想信念的高尚之德，还要有关心团队和集体的大局之德，公平、公正、廉明的正义之德，保持正确言行的规范之德，以及个体自育与他育过程中养成的一切美好而崇高的品德，这些都是立德一词中"德"的范畴。

习近平提出，所谓立德，即立大德、功德、私德，要求"明大德、守公德、严私德"[1]；所谓树人，即"培养德智体美劳全面发展的社会主义建设者和接班人"[2]。其核心是要围绕、关照及服务学生成长与发展，坚持以学生思想水平、文化素养、道德品质、政治觉悟的提升为导向，让学生成为全面发展且德才兼备的优秀人才。这正是从立德树人的根本任务角度出发给出的明确界定，立德树人事业确实是百年大计，关乎国家未来发展与民族复

---

[1] 习近平.青年要自觉践行社会主义核心价值观——在北京大学师生座谈会上的讲话（2014年5月4日）[M].北京：人民出版社，2014：10.

[2] 习近平：坚持中国特色社会主义教育发展道路 培养德智体美劳全面发展的社会主义建设者和接班人 [N].人民日报，2018-09-11.

兴伟业,是我国教育要务和国情发展需求。

二、关于立德树人的历史溯源

对于立德树人的思想,可以说伴随着中华文明历史长河,没有一个民族能像中华民族那样从治国到修身重视道德。早在春秋战国时期,老子在《道德经》中说到"道生之,德蓄之,物形之,势成之"①。作为道家的代表人物,老子穷毕生之力,思考"道"与"德"的奥义与关系,他将"德"的思考提升到宇宙之内万物没有不尊重道而重视德的高度,这是一种基于德治天下的伟大哲学思想。同时把"道之尊,德之贵,夫莫之命而常自然"②融入人生之路的开端和始终。

墨子云"才为德之资,德为才之帅"③,这句话清晰地指出,没有德有才等于没有才,只要有德才有用武之地。这句话的后半句是"德器深厚,所就必大,德器浅薄,虽成亦小",从墨子的言论可见在先秦时期,人们在著书立说中就有了清晰认知,"德器深厚,所就必大",很显然这种认知已经相当成熟,并得到了主流社会的认同。而且也是在先秦时期,在诸子百家的争鸣中,古人对于立德有了高度统一,这种统一可以一直追溯到先秦时期的大量著作中,虽然这个时期战乱纷飞,但是人们仍然渴求立德。

《左传·襄公二十四年》中记载得非常明确,"大上有立德,其次有立功,其次有立言,虽久不废,此之谓之不朽"④。立德被古人放在第一位,而后才会追求立功和立言。显然,作为先秦时期德育思想的顶层设计,立德置于功和言之上。因此,从政治家到地方官员、文士均把立德放在首位。先秦时期大一统国家的形成在治国安邦上仰仗的就是这种立德为先的思想。在先秦的教育体系中,把培养"德"放在教育的至高无上的地位,统治者认为如果人缺少道德操守,那么他即便有天大的功劳也等于没有,

① 叶树勋. 老子"物"论探究——结合简帛《老子》的相关信息 [J]. 中国哲学史, 2021 (01): 5-12.
② 罗祥相. 论老子"自然"思想的逻辑展开 [J]. 哲学研究, 2020 (02): 47-54, 127-128.
③ 孔毅. 智德·智能·才性四本——汉魏之际从重智德到尚智能的演变及影响 [J]. 重庆师范大学学报(哲学社会科学版), 2010 (04): 36-42.
④ 徐中舒.《左传》的作者及其成书年代 [J]. 历史教学, 1962 (11): 28-40.

再高明深奥的言论也是无养之水。因此，先秦时期统治者在选贤任能的过程中，德才兼备、以德为先已然成为当时全社会的重要的衡量标准。这种思想对当时社会文明的发展、确定儒法道的地位，并在教育中尊崇儒家思想意义重大。

在孔子的教育思想中，可以看到"德"在培养"从政的君子"中发挥的作用，孔子的为统治者所安邦的思想，是建立在其为君臣理想中，在孔子的著作中可以看到关于德的论述，正所谓"君子怀德"，孔子在《周易》的完善中也以"厚德载物"突出了大自然以德为地的儒家正统思想。其以"子以四教：文、行、忠、信。"（《论语·述而》）[1]突出了"德"在德育思想中的地位，孔子作为我国早期教育历史上德育思想的集大在者，其所谓的"行"，应该理解为德行，它包括了人的一切道德活动和道德行为；而"忠"，则表现为忠正诚实，甚至舍己为人，并进而将其表述为对国家的绝对忠诚，对君主的绝对忠诚；"信"强调的是诚实、不欺诈、不谎骗，要求人务必讲求个人信用，信守承诺；"文"不仅指文献知识，也包括为人处世方面的礼仪、道德知识等。因此，在孔子的教育思想中，德育为首，缺乏道德素养的弟子是不被孔子所认同的，这也是中华文明中重教重礼的关键，书生是礼数的象征，读书人不仅学习文化知识，也必须具有高尚的道德修养，同时为天下服务的思想。

而到了孟子的时候，当时是战国时期，孟子对于孔子的思想有所继承，主要的德育观有"寡欲养气，反求诸己，改过迁善，意志锻炼，以友辅仁"。[2]该观念在实践中形成。孟子的思想关键是要认知到其人性善的思想，同时把思想的教育提到了一定的高度，突显人民在道德教育中的重要性、主体性。这也是统治者所乐见的民教思想。在当时的教育中，主要将孟子的思想作为参照来强化道德教育的实践性。

对于今天来说，对照孟子的道德范畴及思想，可能有些牵强，但对于认知中华德育思想的演变和完善有着重要的史学价值和意义，有助于增强青少年道德教育的针对性。所以仍然需要在德育教育中，深入了解孟子的道德思想，提高现代道德教育的实效性。

---

① 徐洪兴. 唐宋之际儒学转型研究 [M]. 上海：上海人民出版社，2018：447.

② 单虹泽. 以友辅仁：论儒家的友伦与政治传统 [J]. 理论与现代化，2018（06）：85-93.

　　在这些优秀传统文化中，中国儒家思想成了德育的统帅，在《大学》中开篇明确讲述了"明明德"①，即发扬优良品德，可见德育在教育中的地位非同小可。而在《管子·权修》中，也有这样的记载："一年之计，莫如树谷；十年之计，莫如树木；终身之计，莫如树人。"这可以说是最早期儒家学说中关于立德树人的精辟描述。

　　近现代国民教育体系中关于立德树人的思想，要从新文化运动开始，这一时期的思想里面就有对立德树人这种思想实质上的呼唤，虽然当时没有涉及立德树人思想的表述，但这种思想的呼唤是显而易见的。

　　严复作为传播自由的主力，在《原强》一文中首倡"鼓民力、开民智、新民德"②，学西洋之意在于富强国度，所以提出了"以自由为体，以民主为用"的深刻命题，认为国家的自由需要每一位公民素质的提升。这也可以说是近现代德育思想的启蒙。

　　随后梁启超指出了培养学生的权利思想是教育的主要目标。换言之，教育要使国民具备公民人格，享有人权，并能自动、自主、自治、自立等，为"新民为今日中国第一急务"③。这也是其被称为"新民说"的启蒙者之一的依据。

　　而陈独秀也曾表明对个体个性的价值确认和呼唤。为此，他主张建立"惟民国家"，认为民族发展的方向是要实现民主④。而胡适是公民权利与公民参与思想的代表人物，指出中国在文化与制度上的改变至关重要，其中就涵盖了教育制度的改进。立足于宪政和法治进而去理解公民的生活，使胡适得以从人类文明的高度上观察和审视存在的问题，以及分析问题，所以在当时的德育思想的形成中，德育思想的依托是宪政。

　　此外，鲁迅提出的立人与立国思想是以"人"来贯通的，他提出"以人为中心"，关注人在社会背景下的地位和处境。鲁迅的一生都在通过"立人"思想实现民众启蒙，而这是立德思想的集中表达，他坚持的教育思想

---

① 曾品元.《大学》之道学阐微[J]. 求索，2010（03）：120-122，228.

② 张永新. 简论严复"鼓民力、开民智、新民德"的教育观[J]. 教育评论，1997（01）：54-55.

③ 侯蓝烟. 梁启超群治文学观研究[D]. 太原：山西大学，2015.

④ 闾小波. 何以安民：现代国家"根本性议程"的赓续与创制——以王韬、李大钊和毛泽东为中心的讨论[J]. 文史哲，2020（2）：5-20，165.

就是极为看重人的精神独立与自由，以及独立人格。同时鲁迅把"立人"与中国进步结合起来，他说："惟有民魂是值得宝贵的，惟有他发扬起来，中国才有真进步。"①

而作为公民公德教育的代表人物蔡元培先生，在中国遭受列强侵略与掠夺后，深深感到整个民族即将面临亡国灭种的危机，他深刻反思了晚清时期种种"忠君""媚上""尊孔"思想给国家带来的危害，提出了具有时代特色的新的德育思想，并将之作为为未来国家培养良民的重要的新的战略，他提出"自由、平等、亲爱。道德之要旨，尽于是矣。"②其思想虽源于西方，但也有中国化的成分，为现代德育建设奠定了基础。

还有乡村教育运动领导者陶行知先生，将"使全中国人都受到教育"③设为目标，陶行知先生率先践行自己的教育观，行胜于言，着力倡导了六项大的教育运动，在这些运动中陶行知先生建立并实践着他的"生活教育"的理论。陶先生明确提出了"教学做、智仁勇、知情意、教育与训育合一"④，这是一种崭新的人才培养观，这种观念把"求真"和"做真人"作为明确的育人目标并付诸实践，这和现如今的"把学生培养成为合格公民"的基本理念是非常切合的。

而现代德育教育理念既有中华传统的德育观，也有近代教育家、思想家的教育理想，但更重要的是社会主义教育观对中小学生德育的积极影响及教育作用。但长期以来，我国的德育沿用的是"大教育"方针，即上下统一，特别是基层的学校在落实机制、理论研究、课程开发、地方特色上变化不多，到最后变成了"口号"，对于真正意义上的德育体系化、实践化、属地化，仍然有很大的差距。

---

① 唐先田. 不灭的民族之魂 [J]. 安徽大学学报（哲学社会科学版），1981（04）：51-55.
② 李玉胜. 为了教育的自由——蔡元培教育理念和实践透析 [J]. 开封大学学报，2012（04）：16-20.
③ 张志刚. 陶行知生活教育理论对基础教育改革的启示 [J]. 文理导航·教育研究与实践，2011（12）：42.
④ 管霞. 陶行知美育思想研究 [D]. 重庆：西南大学，2016.

三、党的教育方针与立德树人的发展探寻

中华人民共和国成立之后很长一段时间，我国教育面临的首要问题是培养什么样的人。因为当时百废待兴，需要大量的人才加入国家建设。在中华人民共和国成立前夕，《共同纲领》中提到，中华人民共和国的文化教育为新民主主义的，即民族的、科学的、大众的文化教育。

1949年12月，教育部召开了首次全国教育工作会议，在会议上，正式提出，为人民服务，首先为工农服务，为当前的革命斗争与建设服务。

1952年开始，教育领域更具社会主义色彩。1954年2月，周恩来在政务会上指出，我们向社会主义、共产主义前进，每个人要在德、智、体、美等方面均衡发展。这是"五育"的基础，这个概念的提出意义重大。在另一份文件中，也就是《1954年文化教育工作的方针和任务》里，再次强调了"中等教育和初等教育，应贯彻全面发展的教育方针，为培养社会主义社会的建设者而奋斗"。

到了我国对农业、工业、商业进行的社会主义改造的时期，社会主义建设需要符合实际发展需要的高素质人才，因此具体针对国内学校教育的政策与方针也就随之而产生。

《关于正确处理人民内部矛盾的问题》是1957年毛泽东所写的，在其中提出要落实使受教育者在德、智、体方面均能得到发展的教育导向要求。这一政策方针的要求与马克思主义关于人的全面发展学说相契合，也是社会主义全面建设时期的重要教育方针。1958年，中共中央、国务院对教育提出明确指示，党的教育方针是为无产阶级政治服务，教育与生产劳动相结合。中华人民共和国成立后，这是中央首次在文件中用"教育政策"这个说法来表述政策。其中明确要求教育培养有社会主义意识的劳动者，也就是后来的"教育必须为无产阶级政治服务"（《中共中央国务院关于教育工作的指示》）。此后，人们把这一政策与1957年的教育政策融合，成了当时的一项统一政策来付诸实施，在全国范围内实行。

1961年开始，在《教育部直属高等学校工作暂行条例（草案）》中提出新的教育政策并于1978年写入《中华人民共和国宪法》，即教育必须为无产阶级政治服务，必须与生产劳动相结合，培养具有社会主义觉悟的受

教育者。正式纳入宪法更有力地保障了政策的实施。

1978年，中国改革开放，"以经济建设为中心"，进行社会主义现代化建设成为这一时期的主要工作任务。社会的变动要求教育进行全面的改革，人才培养自然也需要根据教育的根本任务进行转变。但是新阶段并不是一蹴而就的，而是进入一个摸索时期，教育领域也进入摸索阶段，也是在这一时期，特色社会主义的教育方针也在逐步完善中发展着。

20纪80年代初，中共中央发布决议指出，要坚持德、智、体全面发展，要通过马克思主义世界观与共产主义道德教育来教化和培育人民和青年。此外，还明确提出将知识分子与工人农民相结合及脑力与体力劳动相结合的"双结合"。1982年《宪法》也明确规定要培养青少年儿童在德智体等方面全面发展。以上政策具有极其重要的导向作用，帮助教育事业得以恢复，并且使教育事业更好地向前发展。

"三个面向"的思想是在1983年9月由邓小平提出的，这也成为社会主义教育现代化建设的指导思想，并始终影响着此后教育方针的确定。1958年，《中共中央关于教育体制改革的决定》中明确指出，社会主义建设和教育要相辅相成，相互依靠，还将其直接写入了"三个面向"。这一决定的提出标志着在教育领域出现了重要的转折，即由"教育为政治服务"转变为"教育必须为社会主义建设服务"。显然，这个转变成为教育领域的重要里程碑。

20世纪90年代初，教育方针进一步完善。中国共产党十三届七中全会通过了《中共中央关于制定国民经济和社会发展十年规划和"八五"计划的建议》，提出继续贯彻教育必须为社会主义现代化建设服务，必须同生产劳动相结合，培养德、智、体全面发展的建设者和接班人，明确了教育的任务及教育发展的路径，并且还明示了教育的目的所在。

1993年，《中国教育改革和发展纲要》中再次重申这一方针。1995年，第八届全国人民代表大会第三次会议上通过的《中华人民共和国教育法》对此项方针继续执行，但从表述上对文字有了修改，例如，将"社会主义事业的"加在了"建设者和接班人"之前，而原有的"德、智、体"这三者后面，增加了"等方面"的表述，这些表述上的变化从一定程度上显示了国家在教育政策导向、方针认识上进一步走向深化。到这一时期，在教育的根本大法中明确包含了我国的教育目的，这也表明其被赋予了重要的法律意义。

1999 年，第三次全国教育工作会议上，新的教育方针首次提出了教育"为人民服务"和"坚持教育与社会实践相结合"。江泽民在讲话中指出，要坚持教育为社会主义现代化建设、为人民服务，坚持教育与社会实践相结合，以提高国民素质为根本宗旨，以培养学生的创新精神和实践能力为重点，努力造就有理想、有道德、有文化、有纪律的，德育、智育、体育、美育等全面发展的社会主义事业建设者和接班人。

世纪之交，素质教育的理探讨与实践成为热点，新时代为教育带来新内容，新的内容也被纳入教育方针之中。1999 年，在第九届全国人大二次会议上，《政府工作报告》中在人才培养目标里，更具体地提出了"美"的要求。2002 年，党的十六大报告中提出，坚持教育为人民服务，为社会主义现代化建设服务，同时也要与生产劳动和社会实践相结合。

2007 年，党的十七大召开，胡锦涛提出育人为本、德育为先，同时在新的时代背景下要提高教育现代化水平，全面实施素质教育，再次重申要培养德智体美全面发展的社会主义建设者和接班人。于是，教育方针在时代发展的新浪潮下，也被赋予了新的时代内涵。

党的十八大以来，习近平总书记多次强调立德树人的重要性。2018 年9 月 10 日，全国教育大会上，习近平总书记提出立德树人是人才培养的根本任务，同时进一步强调了立德树人的落实机制，此外也指出深化教育体制改革的重要性。在习近平总书记发表这些重要论述后，全国各地围绕立德树人理论和实践开展了相关研究，取得了丰硕的成果，对细化落实立德树人根本任务，全面贯彻党的教育方针，发挥了重要的作用。

（一）党的历史实践赋予立德树人的使命与责任

在长期的实践中，中国共产党十分注重教育的立德树人的实现。在新时代，立德树人作为"根本任务"被确定。这既继承了党的优秀教育传统，又被赋予新的时代内涵。

习近平总书记重视学校立德树人工作，不是停留在一般性提号召，而是重在真抓实干。他明确要求各级党政一把手要亲自抓，分管领导要具体抓，要把教育工作摆上党委和政府的重要议事日程，定期研究，建立和完善制度，切实加强领导。1991年7月，习近平主持召开市委常委会专题研究市中小学德育工作，指出德育主要内容是把思想政治教育作为核心，爱国主义教育作为教育主线，以行为规范训练和养成教育为基础；会议还出台一系列举措，如成立青少年教育领导小组、德育专项经费列入年度教育经费安排、确定重点建设首批10个市级德育基地，等等。他还多次深入闽江大学、福州师专、福建师范大学等学校现场办公，同师生座谈，以及亲自上讲台作形势与政策报告，真正做到一把手关心、熟悉和研究立德树人工作。党的十八大报告进一步对其强调，提出立什么德、怎样立德，树什么人，怎样树人等根本问题。2013年11月，习近平总书记在山东考察时指出："国无德不兴，人无德不立。"①2018年9月10日召开的全国教育大会上，习近平再次强调要把立德树人融入思想道德教育、文化知识教育、社会实践教育各环节，要深化教育体制改革，健全立德树人落实机制。党的十九大报告中再次强调："要全面贯彻党的教育方针，落实立德树人根本任务。"②

1. 为谁培养人

习近平总书记曾旗帜鲜明地提出教育为谁培养人的四维内涵，即要为人民服务、为中国共产党治国理政服务、为巩固和发展中国特色社会主义制度服务、为改革开放和社会主义现代化建设服务。这从方向上指明立德树人的发展。

首先，立德树人要为人民服务。从理论层面上看，我国一切工作都要以马克思主义作为理论指导，马克思主义学说区别于其他学说的重要特征之一就是指出只有人民才是创造世界历史的动力。习近平总书记在多次讲话中都提到要办好人民满意的教育。因此，在落实立德树人实践过程中，学校要"以学生为中心"，将学生的发展、需求及满意度作为教育的重要标准，这样才能得到师生对社会主义的认同和拥护。

其次，为治国理政服务是立德树人的工作目标。现如今，世界全球化

① 习近平. 习近平谈治国理政（第一卷）[M]. 北京：外文出版社，2018：168.
② 习近平. 决胜全面建成小康社会 夺取新时代中国特色社会主义伟大胜利——在中国共产党第十九次全国代表大会上的报告[M]. 北京：人民出版社，2017：45.

使国家与国家之间的联系日益密切，带来巨大经济利益的同时存在很大弊端，世界各国的思潮逐步涌入国内社会，尤其是一些反社会主义、反中国共产党的思想也杂糅其中。面对这样的时代背景，教育更要扛起坚持中国共产党领导的大旗，坚持中国共产党的核心领导地位。从根本上认识到错误思想的根源在于历史虚无主义，因此加强学生在建党历史、新中国历史方面的教育，让学生认识到中国共产党在领导新民主主义革命、社会主义建设过程中的巨大付出和历史贡献，批判历史虚无主义，从建党历史和新中国发展史角度加强对学生的教育，树立文化自信并坚定信仰。

再次，立德树人要为巩固和发展中国特色社会主义制度服务。作为人民的选择、历史的选择，中国特色社会主义制度在促进民族发展、维护社会稳定等方面，具有无可替代的优势。

最后，立德树人要为改革开放和社会主义现代化建设服务。当前处于社会主义现代化建设的新时期，同时是改革开放的深水区。为了储备人才并充分发挥人才优势，立德树人必须将培养为全面深化改革开放服务、为社会主义现代化建设服务的优秀人才作为重大目标，培养出一批无私奉献、责任担当、德才兼备的高素质的时代新人，在中国共产党的领导下，继续深化改革，破除瓶颈期，成为建设社会主义现代化的中流砥柱。

2.培养什么人

党的十九大明确提出，教育要培养德智体美劳全面发展的社会主义建设者和接班人。习近平关于立德树人的重要论述对于解释目前教育普遍关注的"何为德智体美劳全面发展"及"何为社会主义建设者和接班人"这两个问题，有着重要启发意义。

第一，关于"德智体美劳全面发展"，习近平对此进行做了全面、精辟的解答。首先,德育在人的全面发展中起主导作用的。人是社会性的动物，道德是人区别于动物的重要特征，是全面发展的，道德是人的全面发展的灵魂。其次，智育是人们认识世界和改造世界的知识和能力。立德树人并不是空喊的口号，需要借助一定的学科知识和专业技能进行培养，否则只能沦为空谈。再次，体育不仅可以增强人的体质，而且能培养人坚强的意志和高尚的体育道德。正如习近平总书记在 2018 年出席全国教育大会时指出，要树立健康第一的教育理念，帮助学生在体育锻炼中增强体质、健全人格、锤炼意志。除此之外，美育是教育人们感受、理解和评价美的能力。最后，由于生产劳动是人类生活最基本的实践活动，因此劳动教育至关重要，在劳动教育中促进学生的劳动观念、劳动能力、劳动精神。

第二，关于"社会主义建设者和接班人"，首先一个合格的社会主义建设者和接班人当是拥有"四个意识"和"四个自信"的人。树牢"四个意识"即"政治意识、大局意识、核心意识、看齐意识"，坚定"四个自信"即"道路自信、理论自信、制度自信、文化自信"。因为，中国在全球化的浪潮中，受到多元思潮的影响，亟须一批从内心认同社会主义核心价值观、坚定对共同理想的追求，坚持共产主义的信念，信任中国共产党的时代青年，这样才能在激荡的社会思潮中屹立不倒，避免迷失方向。其次，习近平总书记鼓励引导青年学生在对美好生活的追求中，在实现自我价值的过程中，牢记自己肩上担负的社会使命。青年是国家的希望，是未来时代的创造者。通过用知识、技能、能力完善自我的同时，也要承担相应的社会责任，自愿投入为建设社会主义而不懈奋斗的洪流中。

3.怎样培养人

习近平总书记在全国高校思想政治工作会议上指出，做好思想政治教育工作要遵循"三大规律"。该论述是新时代背景下立德树人实施的前提性概括，为思想政治教育工作的创新提供可能。

第一，遵循教书育人规律，以增强立德树人的自觉性。2018年，习近平总书记在全国教育大会上指出："要把立德树人融入思想道德教育、文化知识教育、社会实践教育各环节……教师要围绕这个目标来教，学生要围绕这个目标来学。"[①]思想道德教育并不是理论说教，而是要融合在学科教学、活动等其他课程之中，学校课程也不是单纯的知识教学，要渗透社会主义核心价值观的教育。因此，作为学校教育的主体，辅导员、思政课教师及其他学科课程教师，都应时刻注意将思想道德教育融入教学之中，要避免出现相互割裂的现象，实现二者的有机融合。同时要着力解决好教师教育教学过程中说与做"两张皮"问题，道德品质的实现需要经历知、情、意、行的过程，最终应落脚在实际的道德行为，才能提高思想政治工作的

---

① 中共中央党史和文献研究院编.十九大以来重要文献选编（上）[M].北京：中央文献出版社，2019：653-654.

有效性。第二，遵循学生成长规律，以确保立德树人的针对性。教育是一门科学，学生发展具有阶段性和连续性，思想政治教育需根据学生的年龄发展阶段，采取恰当的教学策略。同时，21世纪的青少年在时代的影响下呈现思维活跃、独立性强、善于追问、敢于质疑的特点，传统的灌输式教学难以使立德树人发挥效用，因此学校应根据学生个性、特点等因材施教，最终目的是让学生形成对社会主义核心价值观的认同，这样才能把立德树人工作落到实处。

（二）关于新时代立德树人重要论述的研究

关于立德树人的重要论述是习近平新时代中国特色社会主义思想的有机组成部分。"全面贯彻党的教育方针，坚持教育为社会主义现代化建设服务、为人民服务，把立德树人作为教育的根本任务，培养德智体美全面发展的社会主义建设者和接班人。"[①]这一指示在党的十八大报告中明确提出。

1.立德树人重要论述的提出背景

（1）基于对学校育人目标的重审

根本任务的落实是立德树人对教育目标的统一，换言之，是对人才培养模式进行重审的过程。长期以来，我国教育实践中主要是通过数据的量化方法对学生的智力水平进行考查，教师也常采用一贯性的思维方式，从知识的掌握程度上评价学生的成长与发展，但从批判性、创新性的思维和意识上来说，学生的发展普遍缺乏关注，没有能够真正考查到学生的个性特长、内在潜能的培养和发挥。因此，在学校育人过程中，不应该仅将学生的考试分数作为学校的育人目标，同时应该关注学生的创造力及个性发展等方面，这也就要求学校不仅应该转变目标的理念，更应该在评价方式上予以跟进。学生可以通过比赛、测验等来检验自己的知识掌握乃至智力的发展，而学生的创造性、思想品德等较为隐性的内容不能仅通过考试这种方式进行，还应该参照学生在活动中的表现及生活中的实际行为等进行评判，以综合性的评价对学生展开全方位的评

---

① 中共中央文献研究室编.十八大以来重要文献选编（上）[M].北京：中央文献出版社，2014：27.

价。此外，学校在外在的管理上以隐性和显性的方式，通过文化氛围的熏陶、育人活动的开展对学生进行道德教育，以榜样的力量带动全校的文明发展。因此，学校在树立育人目标时，应该遵循智慧与文明并存、为学生的全面发展奠定基础的原则。

（2）基于中国特色社会主义人才培养的思考

立德树人的思想自古有之，从先秦时期伊始，我国便强调德行的重要作用，其思想可追溯至古代重教崇德的传统。新时代下立德树人的思想内涵不仅包括中国优秀的传统文化，也包括新时期中国特色社会主义思想，从具体内容上说，重点是以公而忘私、重言崇德的道德境界，以远大的政治抱负为信仰，以以爱国主义为核心的中华民族精神和以改革创新为核心的时代精神，在新时代下培养德才兼备的新世纪人才，使其具有中国特色社会主义共同理想的远大抱负，勇于担负民族复兴的重任。因此在新时代下，以国际视野正确看待各国之间的文化交流与融通，当前的人才培养必须首先立足传统，继而展望世界，推陈出新、沟通交融，培养服务于中国特色社会主义需要的优秀的人才。

2.立德树人重要论述的内涵分析

立德树人旨在培养崇高的思想品德，是为立德；培养高素质的人才，是为树人。前者指向是道德养成，是前提；后者重在能力培养，是目标。立德树人中的"立德"和"树人"二者之间是辩证关系，核心要义是服务于学生全面健康成长，以德为先，以学生为本，培养中国特色社会主义事业合格的建设者和接班人。而习近平关于立德树人的重要论述对教育本质特征的概括是基于价值、目标、任务、过程、结果等维度的高度概括，回答了培养什么人、为谁培养人和怎样培养人这三个教育的根本问题，具有丰富的科学内涵。

（1）教育的本质是培养人。立德树人的目的旨在通过"德"以"树人"，而"树人"指向培养人，这无疑与我国教育的本质相契合。习近平总书记曾多次指出教育的根本目的是培养中国特色社会主义事业合格的建设者和接班人，也就是要求所树的人能够服务于社会主义事业，能够在党和国家的领导下服务人民，能够为改革开放及现代化国际交流搭建桥梁。

（2）全面促进人的发展是教育的根本目的。立德树人是要求学生在

"德"的规划下成为一个完整的人，学生从"自然人"转化为"社会人"。道德层次的提升不仅需要德育的发展，更需要学生的智、体、美、劳等方面的共同发展，教师作为传道授业解惑者，其更重要的价值在于在为学生授业和解惑的过程中传道，用自己的学识、阅历、经验点燃学生的热情并潜移默化学生的行为表现，以培养学生的道德品格。因此，德性成长作为学生全面发展的重要保障，其实现需要教师乃止社会人士、学校乃至社会场所合力促进，这既是教育理论的重大创新也是学生全面发展目的的实现。

（3）为学生谋幸福始终是教育的根本价值所在。为学生的幸福就是全体学生能够在快乐生活、健康成长的同时获得自身发展及必备的社会能力。因此，一方面要实现教育公平，立德树人的论述强调全员性，指出要面向全体学生，使每个孩子都享有更公平的教育，有机会展示自己、奉献社会。另一方面，是学生自身的发展，立德树人中全面发展的指向就是要实现德性成长与提高能力素养。立德树人的提出满足了国家对公民的要求和个体对自身幸福的期盼，使教育的根本价值得到彰显，从理论和时间两个维度为教育的发展提供了方向指引。

（4）"立德树人"核心内容是德，也是思想、道德和学生个体心理品质的总和，起到的是重要的基础和引领作用。政治思想的概念内涵是社会政治关系的反映，也是与政治息息相关的品格和观念的总和，对学生思想政治的教育要坚持马克思主义的世界观、人生观和价值观，培养学生形成正确的政治观念。思想引领着人的发展方向，是学生行为的引领，政治思想是方向的引导，指导人的政治行为，思想正确并符合时代潮流的前提下，学生能自觉践行相关理念，展现出符合社会要求的行为规范。因此，只有坚持社会主义方向，才能解决好成才的方向性问题，才能保障育德育才的正确价值。

道德是个体敦品立德之基，涵盖社会生活中人们共同生活的通用规则及个体行为规范。道德既是教育的内容，也是教育要培养的目标，无德不立。因此，教育首先是"育德"，德的内容主要涵盖中华民族优秀的传统美德、现代的社会主义核心价值观等内容，旨在培养学生在道德的知情意行四个方面的知识技能，使学生形成正确的道德判断和道德责任，形成良好的遵道、守道的社会风气，夯实中国特色社会主义的思想道德基础。

个性心理品质是立德树人的重要内容。其概念是指一个人在兴趣、意志、气质和性格等方面表现出来的心理品质。伴随着科技网络和社会的变迁，就业的方式和渠道也在日新月异，社会快节奏的发展也为青年的心理发展带来了考验。因此，要培养青年学生具备较强的心理品素质，能够应对社会中的机遇和挑战，激发学生的内驱力，能够自觉主动地追求人生目标。同时要增强学生的心理疏导，在社会的冲击下，学生面对着各方的压力，需要及时关注学生的情感变化，为学生营造良好的快乐健康的成长氛围，对学生进行心理健康教育，与学生及时沟通，了解学生的心态。现今更多的学生关注自身的价值需求，较少地站在他人的立场思考，缺乏责任感，面对困难和问题时不能主动承担责任，而是互相推卸，因此应教育学生在感恩的同时具有责任担当，在实践中努力奋进，增强学生的社会责任感。身处飞速发展的新时代，面对社会转型期，青少年更要能够面对挫折，不怕失败，在不断磨炼中收获成长经验，以强大的心理素质和健康乐观的心理状态实现人生的目标。

第二节 "立德树人"的价值意蕴

一、理论价值

（一）丰富了马克思主义德育思想

习近平总书记曾多次强调，尽管时代不断向前发展，马克思主义的科学性、真理性、强大影响力依然存在。在新的历史条件下，习近平总书记依然强调要深入学习马克思主义相关理论，并将其纳入教育教学的内容之中。习近平关于立德树人的重要论述，其形成与发展都离不开马克思主义德育思想的价值指引，尤其是对其中关于人的需要理论、人的价值理论、人的全面发展理论等进行了深入学习。立足我国具体实际，在与我国教育实践经验不断结合的基础上，马克思主义德育思想依然拥有强大的生命力。

马克思主义德育思想指导着我国教育事业在人才培养目标、要求、方法上逐渐趋于完善与科学，是我国人才培养工作应该始终坚持的指导思想。而我国教育事业随着时代发展总结出了更为丰富、更贴切时代要求的理论实践经验，也能促进马克思主义德育思想在新的时代条件下焕发蓬勃生机。马克思主义德育思想之所以能够在今天的中国依然发挥出强大的力量，就是因为在与我国实际相结合的过程中不断得到创新。中华人民共和国成立后的每个历史时期，马克思主义德育思想都相继指导我国教育事业人才培养目标、计划、方法的形成完善。时代发展到今天，习近平总书记在不断进行实践、探索、总结的基础上，对其中关于人的价值理论、人的全面发展等内容，都进行了十分详细的论述，使得马克思主义德育思想得到了进一步整合与发展，结合当今时代条件，不断丰富其内涵。马克思主义德育思想在中国化的过程中不断进行创新发展，成了习近平关于立德树人相关论述的重要理论基础，同时这些论述在扩充与丰富的过程中也将不断丰富马克思主义德育思想的具体内容与实践方法。

（二）对党的教育理论的继承、丰富和发展

德育在我国发展的过程中，一直为国家所重视，自中华人民共和国成立以来，确定了全面发展受教育者的德、智、体各方面素养，20世纪70年代末，进一步以法律的形式提出教育必须为社会主义现代化建设服务，必须与生产劳动相结合，培养德、智、体等方面全面发展的社会主义事业的建设者和接班人的教育方针。在这两个时间点，德育都摆在了重要的位置。秉着继承的理念，习近平总书记准确把握我国的教育发展现状及需求，从能够更好培养人的立场出发，将立德树人作为教育的根本任务。该观念是党在对现实背景和德育价值的准确判断下提出的，丰富发展了传统德育思想，为道德教育注入新活力，也丰富和完善了党的教育理论，有利于国家的现代化建设。

（三）对教育本质属性的尊重与回应

教育以人为本，而人的成长和发展需要"德"的扶持。在我国传统文化的历史长河中，孙子、管仲、墨家学派等学说都闪耀着德性的光辉。在西方的文化传统中也有着重视德育的影子，但丁认为，智慧的缺陷通过道德的发展可以弥补，而道德的缺陷远远无法通过对智慧的培育

和发展进行弥补。因此，从中外的思想中可以看出，"德"不仅是人要追求的必生目标，更是国家生存的精神支柱。但现今，教育的本性更多地脱离了人这一主体，在一些地区中更加关注学生知识的掌握及分数的取得，以分数论高低的思想普遍存在，这对育人这一目标的实现造成了阻碍。教育会忽视学生的兴趣和学习的规律而只关注考试的成绩，不仅会打消学生学习的内驱力，更会对社会形成恶性循环。因此，立德树人的思想为教育的本性回归提供了新的路径指引，抓住了问题的核心和实质，是一个正本清源的重要命题。

二、实践价值

（一）促进个人全面发展与综合素质提高

马克思主义强调要实现每个人自由而全面的发展，也是党和国家一直以来的人才培养目标。尽管教育具有历史性，在不同的历史时期教育的性质、目的、内容和方法都不尽相同，但是培养全面发展的人才一直是党所坚持的教育价值取向。从"德智体"三方面得到充分发展到"德智体美"全面发展、培育"四有"新人再到如今的"德智体美劳"全面发展，我国教育事业的价值取向越来越完善。

青少年的素质决定着国家和民族未来的素质，所以必须教育引导青年一代形成正确的价值观念，必须实施素质教育，使得青少年一代无论在知识、能力还是人格培养上，都能得到充分成长。习近平有关立德树人重要论述中，明确指出对学校教育成果进行检验，其根本原则和标准就是立德树人工作的成效，这样能够促进教育在育人观念、管理体制、课程设置及教学方法等方面不断改革创新，从而促使青年一代全面发展长久地进行下去。育人为本，德育为先，各级各类教育在大力培养学生专业知识能力的同时应加强思想政治教育，在思想文化交流互相碰撞的时代，在受到各种社会思潮影响的今天，使青年一代能够形成正确的价值观念。此外，习近平关于立德树人重要论述还要求在目前发展相对薄弱的体育、美育、劳动教育上下功夫。这样能够保障学校体育课正常进行，加强学生的体育锻炼，增强学生的身体素质，同时能够锤炼他们的坚强品格；能够督促各级各类教育加强美育工作，不断提高学生的审美与人文素养，在百花齐放的今天提高鉴赏与辨别能力，坚守本心；能够帮助青少年克服不尊重劳动、不想劳动的坏习惯，引导学生愿劳动、爱劳动，塑造能吃苦、有耐心的坚韧品格。各方面教育都得到充分发展，能真正提高综合素质，培养全面发展的人才。

通过长久地贯彻落实习近平关于立德树人的重要论述，能够帮助整个社会真正从思想观念上扭转教育价值取向，扭转仅凭分数与文凭作为依据的不科学的价值评价导向。培养全面发展的人才需要个人注重综合素质的养成、学校开展丰富的素质教育课程、家庭转变不完善的教育观念、社会形成素质教育的氛围并改变只看重知识能力的价值选择取向，将立德树人贯穿于教育的各个方面、各个环节，需要全社会共同努力，协同发展。习近平关于立德树人的重要论述能够从根本上展开素质教育，长此以往，能够促进人的自由而全面的发展。①

（二）指导全社会开展思想政治教育工作

开展思想政治教育工作，必须牢牢把握好"全社会"这个范畴，发动多方力量，整合优质思想政治教育资源，形成合力，共同营造家庭、学校、社会的协同育人格局。要做到深入基层，深入群众，将思想政治教育工作贯穿于人才培养的各个阶段及各个方面。习近平关于立德树人的重要论述能够指导在全社会范围内开展好思想政治教育工作，指引共同上好"思政大课"。无论是学校教育阶段，还是步入社会教育阶段，都应以习近平关于立德树人重要论述作为价值引领，将提升道德修养、坚定理想信念、练就过硬本领、明确时代责任担当始终贯穿于全体社会成员的学习、生活、工作中，在全员育人、全过程育人、全程育人的道路上不断探索，全面推动"大思政"格局的形成与完善。

看一个国家的发展潜力，关键在人才，而人才培养水平如何主要看这个国家高等教育水平如何，人才培养能否达到国际间的竞争要求。我国的高等教育肩负着为党、为国培育人才的重大任务，在办学方向上一定要时刻保持正确，不能有所偏离。而高校的思想政治教育作为高等教育的重要

---

① 习近平总书记教育重要论述讲义[M].北京：高等教育出版社，2020.

内容，直接关系到高校怎样开展人才培养工作，于是高校思想政治教育工作的开展就成为在全社会开展思想政治教育工作的重点内容。高校的立身之本在于立德树人，只有守好这个大方向，高校才能有秩序、有保障地开展各项工。应正确、全面、深刻地把握习近平关于立德树人重要论述对于高校的重要作用，并以此为指导，这样能为我国的高等教育发展迈上新台阶提供正确的方法指导与科学的内容结构。[①]

三、时代价值

（一）为建设高质量教育体系凝心聚力

2020 年 10 月，在党的十九届五中全会中，第一次明确提出了要"建设高质量教育体系"这个概念。随着我国发展进入进的阶段，对教育事业的要求也变得更高、更为深刻。推进教育事业的发展，要更加全面地把握习近平关于立德树人的重要论述。2021 年的全国教育工作会议，也再次强调了要做好立德树人工作，不断提高教育的质量保障，这对于我国教育事业迈上新台阶具有十分重要的意义。[②]

创新是突破发展瓶颈的关键所在，而要想创新，一切源头都在于"人"，依靠拥有创新能力的人才引领，为国家发展注入新的活力。而创新型人才的培养，就涉及教育的问题。中国特色高质量教育体系扎根中国，面向世界，体现着我国教育事业发展的内在诉求。从保障教育数量到重视教育质量，说明我国的教育事业不仅取得了很大的进展，同时在探索的过程中，不断适应时代的变化发展，提出了更高的要求。想要取得更深层次的进步，建设高质量教育体系，一方面要继续扎实推进现如今相关政策的全面有效落实，另一方面是找准重点，结合时代特征，始终围绕"培育人"这个着力点和出发点，以此为中心进行全方位发散辐射。做好立德树人工作，完善科学全面的育人体系，这是教育事业高质量发展的基础与重要发力点。

---

① 罗成翼. 论新时代高等教育的根本任务——学习习近平关于立德树人重要论述的思考 [J]. 思想理论教育导刊，2020（01）：15-18.

② 周洪宇. 建设高质量教育体系　迈向教育发展新征程 [EB/OL].（2020-11-12）[2020-11-12]. https://theory.gmw.cn/2020-11/12/content_34362165.htm.

习近平关于立德树人的重要论述始终强调对人才的全面培养，不仅注重良好道德品质的形成、专业知识能力的提升，更要培养拥有中国情怀兼具世界眼光的创新型人才。在教育评价机制上要克服以分数作为唯一依据的片面价值导向，尊重青年一代的成长特点，建立科学的教育评价奖惩机制等。在新时代背景下，在对教育领域的改革提出更高要求的今天，通过贯彻落实习近平关于立德树人的重要论述，把握教育发展规律，从根本上转变思想观念，对加快推进教育领域的纵深改革，建设高质量教育体系具有十分重要的导向作用。此外，习近平关于立德树人的重要论述能够促进学校、家庭、社会协同育人机制的不断推进，使得教育资源、教育环境得到重新整合，使得教育理念更加适应现代化发展需要，工作上实现有效联动，凝聚最大合力，创造一个良好的育人环境，高质量地推进教育体系不断完善发展，从而为我国建成教育强国提供强有力的支撑，这也是其前瞻意义所在。

（二）与新时代人才培养目标的高度一致

长久以来，随着社会经济的进步发展，教育领域中的"功利主义"也越发严重，家长们受传统思想的影响，过于关注学生的成绩，导致学校乃至社会将考分的高低，以及就业率和升学率视为衡量学校的标准，学生之间的隐性竞争，对学生的学习报以过高的期望等都为学生带来了沉甸甸的压力，进而忽视学生心理健康、思想品德等方面的发展，甚至导致不良品性滋生，不能更好地承担社会责任。立德树人的思想的，促进教师和家长传统观念的改变，对学校的育人理念提出了更高的要求。新的理念更加关注"人"这一主体，站在学生的立场思考和把握问题，在继承和创新的基础上，强调"以德量才"和"成德达才"，注重德性，突显德才兼备，始终保持与人才培养目标的一致性。

（三）为实现中华民族伟大复兴储备人才力量

必须清楚地认识到，中国现在已经进入了新的发展阶段，需要认真把握机遇，迎接挑战。国家发展的目标、要求、计划等都要随之进行调整，这既是时代的呼唤，也是时代的要求。看一个国家的发展潜力与综合国力，关键在人才。要想完成我国现在乃至将来的发展目标，牢牢把握战略机遇和发展大势，就必须培养一批能够担当时代重任的创新型人才，提高核心人才竞争力，为我国高质量发展与国际竞争力的提高储备坚实的人才力量。

习近平总书记强调，必须把教育放在优先发展的位置。在国家建设发展的进程中，教育是最基础的事业，具有强烈的先导功能。要将教育联系中华民族伟大复兴的目标来定位，放在国家发展的需求中来部署。建设一支高素质的人才队伍，提高汲取人才资源的能力，实现我国的发展目标，提高我国的国际竞争力。通过教育将我国众多的人口优势有效地转化为优质的人才资源力量；通过教育事业发展促进中国各项事业的发展，需要把握并实践好习近平关于立德树人的相关论述，以立德为根本，以树人为核心，全方位立德树人，把握好立德树人工作的思想内涵，促进教育事业发展，用教育现代化来支撑国家现代化建设。

想要实现中国梦，需要全体社会成员共同努力；在百年未有之大变局中把握发展机遇，需要一批高素质创新型人才的不懈奋斗。国家要发展，绝不能故步自封，必须依靠创新的力量，从而增强国家的发展后劲，决定国家的前途命运。要做到以创新引领发展，全面把握创新的核心引领作用，就必须抓住高端人才的培养。习近平关于立德树人的重要论述告诫青年学习要增长自己的知识、见识，不仅要有中国情怀，更要兼具世界眼光，坚持立德为先、修身为本，要拥有真才实学，真知灼见，要培养创新意识与奋斗精神。人才是创新的主题，创新是发展的动力，牢牢把握好这一关系，用习近平关于立德树人重要论述指导发展实践，将立德树人工作落实好、落实到位，在每一个教育阶段、每一个教育领域，做到同一而论。此外，要发挥好家庭教育、学校教育、社会教育相互配合的作用，使得青年一代在成才过程中的任何一个方面、阶段获得充分学习与成长。培养一批得到全面发展的、兼具中国情怀和世界视野的、拥有创新意识与创新能力的高端人才，汲取优秀的人才资源，为增强我国核心竞争力、实现中华民族伟大复兴提供不竭动力。[①]

---

① 罗映光.重视根本问题 围绕中心环节 坚持全员全程全方位立德树人 [J].思想理论教育导刊，2017（01）：39-42.

第二章　积极德育与绿色教育理念在初中德育管理中的实践

当前的初中学校德育呈现出消极化色彩。学校德育热衷于矫治学生的不良行为，忽视其品德的培养；对不良行为的矫治又往往扩展为对其他众多行为的规训，在这一过程中，教师被赋予绝对的支配性甚至暴力性权威。"消极德育"构成了学校德育的现实困境，阻碍了学校正向德育价值的实现与学生德性的培养。初中生特殊的道德发展特点与因其特点而导致的道德发展问题将放大"消极德育"的破坏力。突破学校德育这一困境的关键在于变革学校德育思维，以"积极德育"取代"消极德育"，以绿色教育理念探索德育管理的新出路。

积极德育重构了现代德育的方法观，它并不追求一时的效率与学生当下行为的改变，而更看重道德发展中学生积极自我的养成。绿色教育理念是坚持育人为本，尊重人性、人格，遵循学生身心发展规律，构建生命健康成长的绿色系统，全面提升学生的综合素养。

第一节　积极德育在初中德育管理中的实践

在内涵上，积极德育继承赏识教育的优势，凝聚积极的德育态度。针对消极德育过度关注矫治不良行为的德育"偏轨"现象，积极德育强调聚焦与甄别学生的积极品德。在理念上，积极德育将道德视为一种积极的生活方式，以追求生命的整全、成全个体的幸福为期盼而存在。德育不是限制而是助人发展的积极通道。对不良行为的矫治无法勾勒出学校德育的全貌，德育应激发个体的积极潜能，造就个体优势。在初中学校积极德育的实践中，教师需要把握好三点基本要旨：和善而不娇纵、倾听而不评价、激励而不赞扬。共同体的构建是实践积极德育的前提，在共同体中，积极德育更新了德育的惩罚观，摒弃消极德育中教师单方面对学生施加惩罚的行为，主张教师赋权学生，通过师生合作、同伴合作共同解决问题，在合作中收获积极体验，形成与维持积极关系，并塑造责任感、同情心、关怀力、参与力等积极品德。

一、初中学校积极德育的内涵及理念

（一）积极德育的内涵

1. 对赏识教育的继承与超越

赏识教育认识到人心中最根深蒂固的愿望是被他人赏识，强调以欣赏的眼光与态度肯定、认可、鼓励学生的言行。赏识教育的核心理念在于通过赏识发现学生的优点，尊重与发展其个性，满足学生内在发展与渴望认同的需求。积极德育不是凭空产生的，赏识教育为积极德育的提出与形成提供了启发意义。第一，认同与欣赏，有助于充分挖掘、实现学生的潜能；第二，赞扬与激励，有助于增强学生的自信心，塑造积极自我；第三，在"赏识"的导向下，学生拥有更大可能性超越自我。

对于"消极"德育而言，具有正面性、积极性、鼓励性的"赏识"理念无疑是巨大的进步，但"赏识"并不是解决消极德育问题的"良方"。其局限性在于它在实施过程中将产生众多误区。第一，在认识上容易理解片面、流于形式，如将赏识教育理解为纯粹的表扬、夸奖式教育；或居高临下，将"赏识"异化为"赏赐"。第二，在实施上，教师是否能够赏识到每一位学生的潜能所在；还是只赏识"优等生"而忽视"学困生"；或者只是一味赏识而忽视了学生的个性差异。第三，赏识教育在目标上容易定位为"追求成功"，以至于赏识教育提出后，所谓的"成功教育""励志教育"相继出现。

"赏识"可以作为众多德育原则中的一种，但积极德育应超越赏识，转向理解、共情与激励。教师应理解学生的需求与想法，不否认学生的感受，学生会因为教师的理解而受到鼓舞与触动，进而更愿意听取其观点。"共情"是指在理解的基础上，进一步表达自己的感受，与学生建立更为深入的情感联结。"激励"建立在理解与共情的基础之上，它指向行为而非学生个人，并以欣赏的态度认可个体的努力与进步而非最后的结果，在不断地激励中，学生逐渐学会内省，学会为自己而改变。

2. 对积极品德的聚焦与甄别

品德即道德品质，是指个体根据一定的社会道德准则，在行为过程中所表现出来的比较一贯和稳定的心理特征。[①]它既包含一定的个性倾向性，如道德动机和道德信仰等，又包含一定的个性心理特征，如道德认识、道德情感、道德意志和道德行为。道德品质本身为中性概念，没有好与坏、积极与消极之分，但其发展却有好与坏、积极与消极的倾向，所以才有了品德良好与品德不良的区别。所谓积极品德，强调的是个体稳定而一贯地在行动时所表现出的正向的、善良的、高尚的心理特征，它既有利于个体自身正当目标的实现，也有助于他人与社会的正当利益。它体现为个体面对自我时所表现出的自尊、自信与自律，面对他人时所表现出的分享态度、共情能力与合作能力，面对社会时所表现出的秩序感、责任感与担当感，面对世界时所表现出的开放心态与国际理解能力。积极心理学筛选出的六大美德与二十四项积极人格特质同样也属于积极品德的范畴。

积极德育对积极品德的聚焦与甄别，一是基于品德发展过程中唯知派与行为派的局限，唯知派认为个体对道德知识的掌握程度决定其道德水平发展的高低，不道德的行为源于行为主体的无知，故重视对学生道德知识的讲解与灌输，但它忽视了影响个体道德品质发展的其他重要因素，从而极易导致学生在道德情境中的言行脱节、知行不一；而行为派认为行为习惯与行为方式代表个体道德品质的全部，品德良好即行为方式与行为习惯良好，因此强调对学生外在行为的规训，而忽视对道德行为背后的道德认识、道德情感等行为依据的教育，学生只知某种行为能被认可，却不知为何被认可，这将限制学生道德行为上的迁移能力，甚至还将导致是非不分、

---

① 林崇德. 品德发展心理学 [M]. 西安：陕西师范大学出版总社，2014.

敌友不明、助纣为虐等消极后果。因此，道德教育不能只孤立地针对某一方面的发展，而应重视道德品质本身，将其作为一个诸要素相互影响、相互作用的开放性整体来对待，促使其共同朝积极的方向发展。

二是基于积极品德的积极功用。积极品德一方面作为"一种好的品质，或者更特定地说是以卓越的方式应对或响应各种事项的气质……是一种精神力量，有其自身的特质，同时又内含有现实社会的价值指引，使个体能够以足够好的方式自处和处世"[①]。另一方面，个体的世界观、社会价值观和个人能力等都将在初中时期逐渐得到完善，且在 21 世纪，世界各国的教育均强调"'个性发展与社会责任'的平衡协调，提出培养既有才干、有能力，又有社会责任感的合格公民"[②]。积极品德始终指向个人与社会的生存与发展需要，既突显个人价值，又彰显社会价值。聚焦并甄别出初中生的积极品德，既顺应了个体身心发展的规律，抓住关键期，又贴合了时代特点与社会发展要求。

（二）积极德育的理念

1. 道德是一种积极的生活方式

积极德育扎根于教育的理想属性，深深地浸透着理性、自由、民主和公正等人类理想价值观。积极德育从德育应回归生活世界的从属地位中超拔出来，认为道德本身即是一种积极的生活方式。道德作为一种积极的生活方式，来源于人类的生活世界，最终也将作用于人类的生活世界，它须是一个和谐的、自洽的过程。

首先，道德在对人类生活本质的诠释中形成。生活在人类生命的历程中全面地铺展开来，个体无法脱离他人、社会而生活，只有在与他人的关系性互动中才得以成就自身。道德正是起源于人与人之间的这种社会性，伴随着群居生活中调节各种关系而产生。道德不同于法律，不是在人们需要它的时候它才作为一种手段来发挥作用，而是与人类生活高度同质融合，是人类积极的、主动的、自觉的选择，是人类在对自己生活的需要进行探查之后的积极选择。其次，它为成就道德自身而存在。人类在生活中、在

---

① 詹世友，汤清岚. 美德的内在结构及其塑造途径 [J]. 道德与文明，2009（03）：15.

② 戚万学，杜时忠. 现代德育论 [M]. 济南：山东教育出版社，1997：266.

与他人的道德交往中形成道德习惯。然而，个体的德性并非是一成不变的，它会受到个人的发展阶段、人生阅历和教育经历等多方面的影响而发生改变。但无论如何，道德都必须在生活中，通过生活实践来促进自身发展，一旦脱离了生活实践，个体与德育之间的关系将被隔断。道德作为一种积极的生活方式，有利于道德始终朝一个好的方向完善自身。最后，它面向建构理想的生活而不断发展。时间是单向的，人始终面向未来。在这一普遍的发展方向中，人的生活方式可以有许多种，德育正是基于这种可能性而存在，它引导人在多种可能的生活中选择和实现一种更有价值、更具意义的生活，把自己造就成一个道德的人。[①] 因此，道德不仅作为一种积极的生活方式，更是对生活的引领和超越，它是以追求生命的整全、成全个体的幸福为期盼而存在的，是人的主动选择、享用和创造。

尽管道德规范在不同的社会中、不同的时代下表现出不同的形态，但作为一种积极的生活方式，道德生活始终要遵从一定的道德规律，它是人的共同本性所具有的适合一切社会和时代的道德生活的基本规律。在这一基础上，作为一种积极的生活方式，道德是在个体进行自由选择之后建构而成的，在这一建构的过程中，融合自觉个体的理性、反思与创造。与此同时，道德生活要求个体超越单子式的存在，在与他人的关系性交往中，在尊重、协商、对话的共同体互动中去实现伦理生活的本来价值。

2. 德育是助人发展的积极通道

哲学人类学家米歇尔·兰德曼（M.T.Lederman）说："自然把尚未完成的人放在世界之中，它没有对人做出最后的限定，在一定程度上给他留下了未确定性。"[②] 因为这种未确定性使人不满足于他既定的模样，不断去追求并创造一个理想的生活世界，人的未确定性也使得人类的教育成为可能。学校德育具有双重责任——教给孩子人类所必须遵循的道德律；在这基础上鼓励并引导他们建构一个全面的生活世界。

当前学校德育的普遍表现在教育者把道德的规则和规范从外界注入人的行为，代替学生建构他们自己的生活世界，脱离学生真实的日常生活。另外，德育试图制定并强加于学生一种全面的、整体的道德规范，为学生

① 鲁洁. 道德教育的根本作为：引导生活的建构 [J]. 教育研究，2010（06）：3-8，29.

② M. 兰德曼. 哲学人类学 [M]. 阎嘉，译. 贵阳：贵州人民出版社，1988：228.

划定一个统一的、既定的道德发展框架，忽视了个体的兴趣、情感、意志、抱负等各种复杂内容，把个体丰富多彩的心灵压缩成为单一的心灵。这使得德育异化为一种外在形式化的、限制人的活动，背离了德育的本质要求，呈现出道德不在场的德育形态。片面强调德育工具价值的德育形态虽然能够在一定程度上通过统一的道德规范使社会维持一个相对稳定的状态，但个体出于逃避惩罚、追求奖励的心理而做出的道德行为却是不稳定的。实际上，个体内心产生了对德育的对立感、疏离感和逃避感，将德育看作是外化于个人的约束和限制。

通过从外在施予强制和压迫的德育是消极的、暴力的，是远离人类真性生活的，因而不能得到个体的理解与接纳。社会的道德水平和群体的道德状况如何，并不在于道德规定和律令的多少，而在于社会或群体中的个体对它们内化与践行的广度和深度。德育具有精神享用功能，是将个体无限发展的潜能和主观能动力量化为现实的存在。它应充分激发个体对道德自身的需要，基于个体对现存生活的不满、对生活意义的探问、对更好生活的向往而产生对道德发展的主动追求，应该通过积极的肯定使个体体验道德行为为其带来的愉悦感、崇高感、自我完善的满足感和精神上的享受。积极德育使个体形成对德育崭新的理解，只有个体与消极德育之间相互抗衡的力量逐渐消弭，德育才能够真正成为个体道德发展的推动力量，促进个体人格的生成，个体才能更加自觉、主动地去建构属于他们自己的生活世界。只有在这个基础上，个体才能出于对自己和他人的道德责任感，超越自由意志，对是非善恶做出理智的选择并勇于承担相应的责任，共同去建构一个文明、和谐的社会。

3. 德育应激发个体的积极潜能

个体具有道德发展的潜能，它是指个人在未来可能发展的潜在力量。潜能不只是"可能是"，或者"将要是"，更是"现在即存在"。人本主义心理学认为，个体不仅具有生物潜能，还存在心理潜能，它是个体求得发展的内在倾向，如求知、友爱、合作、公正等，这些需要作为一种内在的潜能，只要环境与条件适当，就能得到充分发展与彰显，并支配个体的行为。

潜能的激发造就个体优势的发展。加德纳（Howard Gardner）的多元智能理论可以为个人的"发展优势"提供理论解释：人类天生具有多种智能[1]，不同个体的每种智能的强弱程度均有差异，不同强弱的多种智能相互组合构成个体的智能结构。即便有人在任何一种智能上都没有特殊的天资，但他所拥有的各种智能和技艺巧妙地组合，也可能使其在某方面表现出色，智能的不同组合，创造出人类能力的多样性。就此而言，可以认为，每个个体的智能发展都存在内在的优势，且由于智能结构的不同，每个个体的内在发展优势存在差异。"人生的主要使命是自我成长，是成为与其潜能相符的人。人生奋斗最重要的成果是自己的人格。"[2]发展学生的个人优势，使其在某一特定的方面获得杰出表现，这既能最大限度地使其获得持久的自信，也能使其在集体中获得独一无二的不可替代性，赢得教师与同伴的关注。不仅如此，"如果我们能调动起人类的所有能力，人们就不仅仅是更有能力或对自己更有信心，而会更积极、更投入地为整个团队甚至整个社会的利益工作"[3]。

在学校中，个人潜能与优势非常突出的学生，可能只占极小的比例，发展"普通学生"的积极潜能，需要教育者付诸更多的关心与耐心，主动发现、发挥、发展学生的优势。教育者可以通过访谈交流、职业体验、问卷调查、能力测评等多种途径帮助学生了解、发现自己的兴趣、特长与职业发展倾向。学生清晰地认识到自己的潜能、优势、内心需求与价值选择时，能获得良好的自尊、自信，并且将在潜能实现的过程中不断体验愉悦、自信等积极的情绪，从而自发地提出更高的道德发展要求。

二、初中学校积极德育的实践路径

积极德育重构了现代德育的方法观，它并不追求一时的效率，与学生当下行为的改变，而更看重道德发展中学生积极品德、积极自我的养成。在初中学校积极德育的实践中，教师需要把握好三点基本要旨：和善而不娇纵、倾听而不评价、激励而不赞扬。共同体的构建是实践积极

---

① 霍华德·加德纳. 智能的结构 [M]. 沈致隆，译. 杭州：浙江人民出版社，2015：91.

② 埃·弗洛姆. 为自己的人 [M]. 孙依依，译. 北京：生活.读书.新知三联书店，1988：214.

③ 霍华德·加德纳. 多元智能 [M]. 沈致隆，译. 北京：新华出版社，1999：13.

德育的前提，在共同体中，积极德育更新了德育的惩罚观，摒弃消极德育中教师单方面对学生施加惩罚的行为，主张教师赋权学生，通过师生合作、同伴合作共同解决问题，在合作中收获积极体验，形成与维持积极关系，并塑造责任感、同情心、关怀力、参与力等积极品德。

（一）初中学校积极德育的实践要旨

1. 和善而不娇纵

教师与学生之间主要存在三种互动方式：一是严厉型，教师过度控制学生，强调规矩的重要性，学生缺少自由与自己的选择；二是娇纵型，教师对学生没有限制，给予过多自由与无限制的选择，规矩不足，规则意识缺失；三是和善而不娇纵，有自由也有规矩，在尊重他人的前提下，学生有自由选择权。和善是对学生的尊重、关心与激励，不娇纵是对和善的度的把握，旨在达成长期的积极效果，而不只是应付当下的难题。

"和善"首先意味着教师应使用正向的德育方法。即德育方法本身应该符合道德，方法的运用应该基于对学生的关心、理解与尊重。并且，使用何种方法应根据学生的特点与需求而定，如体弱生爱在关心、病残生爱在得体、过失生爱在信任、屡错生爱在耐心、向师生爱在珍惜、背师生爱在主动、个性生爱在尊重、普通生爱在鼓励、进步生爱在赏识、后进生爱在鞭策①。

其次，"和善"意味着教师理解并接纳学生成长过程中的错误与不足。人的成长是一个过程，学生是成长过程中的人，是不成熟、正在发展中的人。不成熟的人"犯错"是正常的，尤其对于心智成人化、行为幼稚化、做事极端化的初中生而言，他们在成长过程中将不可避免地存在一些错误观念或行为，如早恋、暴力、厌学、享乐、沉迷网络等。且根据人类道德发展规律，个体的道德品质并不是朝着简单的单向线性方向发展，道德向更高程度发展的前奏，极有可能是道德发展水平的大幅退化。教师应将学生视为成长过程中的人，以理解、包容的心态对待学生的种种"犯错"表现，以足够的爱心、耐心、关心关注学生成长，做到既欣赏学生的优秀之处，也能谅解学生的错误，不以学生一时的失误而否定学生的一切。

---

① 桂贤娣. 我怎样成了一名班主任导师 [J]. 教师教育论坛，2017（08）：85-86.

和善而不娇纵，积极德育的方法观强调的不是德育一味地追捧、夸奖与表扬，"对于儿童来说，他们还必须去体验坚强、隐忍、挫折、约束、限制等……否则它很容易被误解为无限度的溺爱……无条件的应允、过分的保护以及奉承等"[①]。和善只是过程，不是目的。面对学生在道德发展中的倒退反复、知行不一等问题，教师虽不能给其贴上"问题儿童""不良少年"等消极标签，但应坚定态度，及时提醒、引导学生认识自身的问题，履行自己的改正计划和承诺。教师可以从促进学生发展的角度，牺牲一些道德原则之外的统一性要求，依据学生的差异弹性地对待学生。比如，交作业是每个学生的义务，但是对于特别叛逆、厌学的学生，教师可以在与学生协商后允许他一个月有 2 次不交作业。当这个规则制定后，就必须坚决执行。

2. 倾听而不评价

倾听彰显的是教师对学生的尊重，是其对学生平等地位的认可与肯定，它悬置了个人价值判断和主观偏见，对学生保持着谦逊的风度和开放的胸怀。同时，倾听也是一种位置、角色与体验的转换，是站在他人的位置了解对方和自己。评价则是教师站在与学生相孤立的角度，"颐指气使"地对学生的言行甚至品格做出价值判断。积极德育主张倾听而不评价，旨在营造让学生愿意听、愿意说、愿意合作的良好氛围，教学生学会自我评价与内省，而非依赖他人的反应来判断自己言行的对错。

首先，教师应理解学生的需求，不否认学生的感受。学生的感受是学生建构的事实，哪怕这一事实与真实世界不符合，教师也不应否定。比如，学习成绩优秀的学生被考前焦虑症折磨，感到自己突然成为世界上最差劲的学生。教师不应否定他们的感受，不应空洞地安慰"你很优秀，你会考好"。倾听与理解是不可分割的，没有理解的纯粹倾听是不存在的。然而显而易见，也不存在某种没有倾听的理解。倾听并理解是教师与学生建立良好合作关系的关键，教师能够理解学生的需求意味着教师能否成功邀请学生走进自己的教育之中，从而促进学生的发展。

其次，教师的倾听应产生共情，且保持客观。共情一方面是指教师以

---

① 亚伯拉罕·马斯洛. 动机与人格（第 3 版）[M]. 许金声，等，译. 北京：中国人民大学出版社，2007：52.

接纳、包容、开放的态度倾听，感受并理解学生的情感与内心想法，使学生体验到被接纳与被认可；另一方面，"倾听的目的是要进入他人的知觉世界，而不是把他人嵌入自己的知觉世界"[①]。因此，即便教师需要产生共情，但也应保持客观，不先入为主，不持偏见，以真正走入学生的世界，理解学生的言语。

最后，教师在倾听学生的过程中应避免错误的回应方式。第一应避免说教与灌输，"任何人都不能被灌输或施加条件来诚实地讲话或公正地判决，因为实施这些美德都要求一种自觉意识和自由选择的品质"[②]。学生需要的是理解，教师生硬的、机械的说教与灌输收效甚微，倾听与理解是不可分割的，没有理解的纯粹倾听是不存在的。然而显而易见，也不存在某种没有倾听的理解。第二应避免贬低事情的价值，贬低事物的价值意味着贬低学生追求超越的意义，将打击学生的信心，增加挫败感。第三应避免自怨自艾，避免自怨自艾地走向成长与进步的消极面。第四应避免盲目乐观，盲目乐观使人沉浸于不切实际的空想之中，与自怨自艾式的消极、被动构成两种极端。

3. 激励而不赞扬

激励与赞扬虽都在于创设条件以调动学生的积极性，但两者存在本质上的差异。激励指向行为，它以欣赏的态度认可个体的努力与进步，在不断地激励中，学生逐渐学会内省，学会为自己而改变；而赞扬指向个体本身，它以操控性的态度，只认可好的结果，它的目的在于刺激学生为了得到更多的赞扬而改变自己，赞扬的后果将是学生总是在寻求他人的认可与肯定，总是为他人而改变自我。换言之，激励"是通过教育者采用激励措施使学生达到一种'不再需要激励'的程度，即学生能够在将来的教育活动中实行充分的自我激励"[③]。

赞扬与评价均指向学生个体，它宣扬的是个体品性的好坏与优劣，即好行为意味着个体的好品性，坏行为意味着个体的坏品性，这在某种程度上意味着个体品性的稳定性和不可变更性，也就抹杀了学生积极品质培养

① 心理学百科全书 [M]. 杭州：浙江教育出版社，1995：1924.

② 麦克莱伦. 教育哲学 [M]. 宋少云，译. 北京：生活. 读书. 新知三联书店，1988：325.

③ 李祖超. 教育激励刍议 [J]. 中国教育学刊，2003（05）：9.

的可能。

激励则是建立在理解与共情的基础之上，它的实质是探索个体的发展可能性，而不是唆使甚至威胁其完成任务或达到目标。富有成效的激励需要把握四个要点。

第一，提问而非告知。引导式的提问优于居高临下式的单向告知，询问学生自身的感受与想法更是对彼此的尊重，如"你能告诉我你对这件事的看法吗？""你能想出避免这个问题在将来再次发生的办法吗？"第二，达成契约，留下记录。教师激励学生制定目标或解决方案，并留下记录作为有形的承诺，坚定达成目标的决心。第三，设置监督，定期提醒。教师的监督与提醒在于避免学生半途而废。第四，持之以恒。行为的改变并非一蹴而就，教师的激励行为需持之以恒。

（二）初中学校积极德育的实践策略

1. 师生合作实施惩罚

在教育学中，惩罚通常是指是教育者通过采取一定的措施使受教育者产生一定程度的消极情绪体验，如痛苦、惭愧、内疚等，从而减少或消退其不良行为或消极品德。教育惩罚具有必要性，尽管积极德育强调积极的德育方法而批判消极的德育方法，但这并不意味着学校德育全然否定、排除惩罚，认为学校德育只需要奖励、称赞、表扬等积极方法的观点是片面的，也是对积极德育方法观的误解。"不惩罚的办法只是对破坏分子有利，如果学校中没有惩罚，必然使一部分学生失去保障。"[1] 即便是强调尊重儿童的代表人物——约翰·杜威（john Dewey），也认为"儿童是一个人，他必须或者像一个整体统一的人那样过他的生活，或者忍受失败和引起摩擦"[2]。积极德育不是绝对地抗拒惩罚，一味地表扬与夸奖，而是始终思考如何使惩罚最少化，或者如何实施惩罚使其教育意义最大化。

积极德育认为，通过师生合作来实施惩罚是最恰当的方式。师生合作至少意味着两层含义：第一，教师与学生的合作不是依靠教师的权威，通过吩咐、命令甚至驱使的方式来进行，而是通过教师向学生发出真诚的合

---

[1]　戴本博. 外国教育史（下）[M]. 北京：人民教育出版社，1990：246.

[2]　杜威. 杜威教育论著选 [M]. 赵祥麟，王承绪，译. 上海：华东师范大学出版社，1981：99.

作邀请来博得师生合作的机会；第二，学生愿意与教师合作，表明其愿意听取教师的意见，听从教师的引导，并乐于为自己的成长与进步做出改变。在彼此平等、相互理解、信任与尊重的积极关系中，学生愿意与教师合作，共同努力寻找问题的解决方法。

师生合作更换了惩罚的形式，让惩罚不再是生硬、冰冷，充满暴力的"对付手段"，而是一种走向问题解决的过程，旨在培养学生解决问题的意识和能力。师生成功合作的前提在于教师与学生建立起亲密的、相互信任的情感联结。为此，积极德育提出师生合作的"四步法"。

在引导学生自我解决"不良行为"时，第一步，教师应表示理解学生当时的感受，并向其核实自己的理解是否正确；第二步，对学生表示"同情"。这并不表示教师认同或者宽恕学生此时的行为，而只是在第一步的基础上进一步接近学生的内心。在这一步骤，如果教师向学生诉说自己曾经有过的感受或行为，将更能拉近与学生的心理距离；第三步，在获得学生的心理信任后，教师可以趁机引导学生从另一角度看待自己行为可能对他人产生的影响；第四步，聚焦问题的解决，询问学生防止此类行为再次发生的想法与打算。教师可以提供相关建议，让学生看到多种行动的可能性，学生可以在这些可能性中自行做出选择。

2. 班级会议民主决策

积极德育认为，班级会议是构建班级实践共同体的有效途径，它是全体班级成员共同参与班级事务讨论和决策的一种形式。积极德育模式中的班会强调班级成员的全员参与，而非仅仅是少数的班干部和班主任来共同决定班级事务，即班级不是班主任和班干部的班级，而是全体班级成员的班级。班级会议的目的是赋权学生，通过师生、生生合作来共同解决班级问题和决定班级事务。在学校生活中，一个品行优良的人所应具有的自律、合作、负责、坚忍不拔、机智、善于解决问题等积极品质和美德，都能在定期的班级会议中得到充分认识和体验。

班级会议既可以建立班级公约，形成和谐班级文化，也可以用于解决存在于学生个人或班级之中的，如偷窃、欺凌、违纪等众多问题。班会的议题均由学生自己提出，因为积极德育模式中的班会是教师赋权给学生，学生在班会中拥有很大发自主权和独立性，可以自由表达个人看法。在班会进程中，利用角色扮演与头脑风暴，重视问题发生的情境，学生轮番给出问题解决的各种建议，当事人可以从各种建议中选择自己认可的解决方案。

3.同伴调解化解矛盾

初中是校园欺凌的重灾区，合理解决初中校园中学生之间的矛盾与冲突是改善同伴关系与校园氛围的重要内容。现阶段的教育仍以升学为目标，与小学相比，初中的竞争更为激烈，在竞争中总有学生因成绩落后、无望升学或行为不良，无法得到教师与同伴的接纳或认可，转而在以"哥们儿义气"为价值取向的边缘群体中寻求存在感与价值感，即使认为这种行为不对，也往往碍于情面或群体压力而无法拒绝。群体效应和免责心理往往会使欺凌行为向更疯狂、更具表演性的方向发展。除学业竞争以外，处于青春期的初中生存在着比较明显的攀比心理，在很多方面他们都会与同伴较劲，这无疑将增加同伴之间的矛盾与冲突。

面对学生群体之间的矛盾、冲突甚至欺凌行为，常见的解决思路是教师充当评判者，评定双方对错，但教师有时也缺乏合理有效化解冲突的方法，从而将参与双方"各打五十大板"；或者通过批评、训斥、惩罚之类的方式制止纠纷；或者以温和说理法平息纠纷，借机劝导学生学会和睦相处，营造团结友爱的课堂和校园氛围。然而，这些处理方式并不能取得根源性的解决效果，尤其是惩罚、打压式的处理方式，非但不能营造积极氛围，反而造就并加深了消极的、紧张的、对抗的氛围，甚至导致师生关系恶化。

修复性同伴调解是"修复性正义"理念在处理学生违纪行为，化解学生冲突中的应用。与"报应性正义"强调冲突过错方"恶有恶报"不同，"修复性正义"重在修复"冲突"或"欺凌"给各方造成的伤害。修复性调解给予过错方机会，使其意识自身不当言行对同伴与环境造成的破坏与伤害，并能够积极改正，为其负责，求得原谅，最终重新融入同伴群体；同时给予非过错方机会充分表达自身感受与需求，使其受伤害的心灵能够得以抚慰。修复性同伴调解不但有助于冲突双方实现和解、恢复关系，也能修复群体氛围，恢复班级秩序与安定和谐的校园氛围。

同伴调解是一种"无惩罚"的冲突处理方法，与传统的教师作为裁判解决冲突的方式不同，它要求学生成为冲突处理的积极参与者。"不论我们喜欢与否，我们生活在一个相互依存的世界。这一点在方方面面都能反映出来，我们无法忽视它。"①同伴调解的目的不在于判定是非对错，而是激励学生在人与人相互依存的社会中学会如何与人相处、如何化解冲突。在开展同伴调解之前，一般需要在学校和班级中营造合作、沟通、同情的氛围，并选拔和训练有领导才能、品德优良的学生成为同伴调解员。同伴调解员应该能够代表多样的群体，包括不同文化水平、性别、学习情况、社会阶层等多种要素；挑选同伴调解员的过程和步骤应该公开、透明，既可以是他人推荐，也可以自荐。

同伴调解的程序有多种，一般包含这样几个步骤：当学生冲突发生后，在同伴调解员的作用下，冲突参与者在同意调解规则的前提下，各自陈述事情的经过，在明确事情的经过后，讨论产生多种解决办法，从中选择一种最佳解决方案，并订立契约。（如图 2-1）同伴调解员是化解同伴冲突公正的第三方，是在伙伴发生冲突过程中公正的第三方，他不站在冲突参与者的任何一边，也不对冲突进行对错评判，他要做的是使冲突参与者在遵守调解的基本原则的基础上，相互交流、协商，最终解决问题。

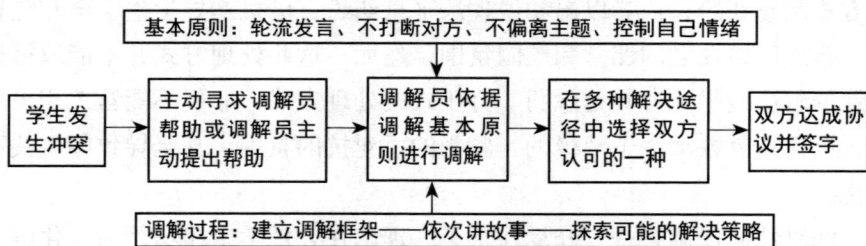

图 2-1 同伴调解的基本步骤

同伴调解员和冲突参与者应遵守以下原则。第一，冲突参与者轮流发言并控制自己的情绪，双方平静陈述双方的诉求，并反思自己的问题。第二，同伴调解员和冲突参与者倾听陈述者的陈述，不打扰、不打断，相互尊重。第三，冲突参与双方相互交流与沟通，共同寻找解决问题的途径，同伴调解员不能"越俎代庖"。学生冲突源于竞争，打压式地解决冲突方式，遗

---

① 保罗·库尔兹. 21 世纪的人道主义 [M]. 肖峰, 等, 译. 北京：东方出版社, 1998：112.

留下来的依然是相互对抗、相互竞争的紧张关系，而以同伴调解法处理学生冲突，能够将竞争引向合作，给予机会让学生自主选择解决问题的方法，同时有助于形成交往、互助、友好的同伴关系与校园氛围。

第二节　绿色教育理念在初中德育管理中的实践

在新课程改革的背景下，"绿色教育"理念逐步运用在初中德育管理中，有利于建立民主、平等的师生关系；不但使学生的行为习惯得到了良好的培养，而且还使得学生的道德素质得到了很大提升；它促进了德育管理理念的转变，在管理的过程中逐步实现以生为本，尊重生命发展，注重身心健康发展的培育目的，学生的主体地位得到了重视，在德育管理的实践过程中真正把绿色教育与德育管理结合在一起。绿色发展将为教育带来新的活力。

初中刚好是学生身心极速发展的阶段，是他们人生中珍贵的时期，但现今初中阶段的学生心理问题愈来愈严重，这对提高学生的综合素和教育方式的改革提出要求，尤其是在德育管理中，开展绿色教育，更好地去呵护学生心灵，让学生得到健康、健全、健美的发展。

一、绿色教育与德育管理的关系

绿色教育是对"人"的教育，而德育管理的对象是学生，他们是一脉相承的。绿色管理是教育回归本源的体现，它是以人的发展为宗旨，是尊重人性、人格的民主管理。新时代的德育管理倡导"以生为本"，彰显学生活力，促进学生可持续健康发展。绿色教育理念符合时代趋势。在教育工作中如何做到"以人为本"，最根本的要求是教育者在工作中能坚持育人为本、德育为先的原则。学生不但是祖国的未来，而且还是社会的希望。德育管理工作是当代学校工作中比较重要的一部分，学校德育管理应为培养德、智、体、美、劳等全面发展的创新型人才而奋斗。

绿色教育理念是实现学校科学德育管理的上层建筑。通过对德育管理对象的研究，发现工作中的压力来自以下两个方面：一是管理对象是初中生。从初中生所处的这个特殊阶段的特点来看，他们是在青春期阶段，同时是个体身心成长的关键期，也是培养是非判断能力的关键期；二是德育管理对象身处复杂的网络环境。"初中生是一群生活在网络社会中的特殊群体。网络中多元文化信息的产生没有开展道德价值的整合，网络中的人就很可能处于道德分裂的状态。"[①] 德育的目的是让受教育者"成人"。著名的心理学家劳伦斯·科尔伯格（Lawrence Konhlberg) 曾经指出，冲突的沟通和生活情景最适合促进个体道德判断的发展。目前，在信息技术飞速发展的时代，多元文化的信息生产缺乏道德价值的整合，初中青少年时期尤为敏感。在这个阶段，很容易陷入道德分裂、冲突和混乱的状态，失去道德意识和道德判断。绿色教育引导德育管理走上和谐发展的道路上。

德育管理尽显绿色教育的特性。从根本上来讲，绿色教育的本意应该是顺着学生的自然天性，发掘学生的内在潜力，使学生受到熏陶。绿色德育管理充分体现了反对灌输和强制的反传统的教育理念，把教育的起点回归到关注学生拥有积极的人生态度，美好的情感和正确的价值观，从而更好地指导学生前进和持续探索。教育应该重视学生和他们的道德培养，同时把教育的目的地定位于服务和刺激学生全方位发展上。以上反映了在当代德育观念和方法上的快速更新与进步。[②] 德育管理目标亟需具有时代性，绿色教育是时代发展的教育，要领先于教育变革，使德育思想和理论不落后于时代发展。对学生不仅要开展道德价值观教育，更要提升他们在新时代所需的道德思维能力、明辨是非能力及情感体验能力。绿色是健康的、是活力与希望，如绿色德育管理评价从本质上来讲是意在激发学生的内在动力，从而更好地投身于学习之中。绿色德育评价不仅让学生的个性有机会得到张扬，而且还可以为实现学生的可持续发展打下坚实的基础，绿色教育要求构建多元、开放的德育管理评价体系，促进学生多方面发展，进而为学生终身幸福奠定坚实的基础。

绿色教育理念下的初中德育管理，尤其是在网络社会的新信息化时

---

① 鲁洁.当代德育基本理论探讨 [M].南京：江苏教育出版社，2010：178.

② 檀传宝.德育与班级管理（第2版）[M].北京：高等教育出版社，2013：34.

代，强化了青少年一代成长发展的内在机制，使他们在绿色教育的引导下，构建正确的科学人生价值体系，促进其健康人格的发展，彰显生命的活力，让他们在快速发展的社会中，实现自我价值，最终实现社会和谐、可持续发展的目的。

二、绿色教育理念在初中德育管理中的实践路径

（一）融入绿色教育管理理念

在德育管理中实施绿色教育，融入绿色管理理念，实际上是新时代对教育的新要求，是随着社会的发展而不断更新的。著名教育家苏霍姆林斯基指出，真正的教育是让学生进行积极的自我教育。绿色教育提倡教育是人的教育，倡导德育管理应该是人性的、温馨的和充满爱意的，而不是冰冷的、规训的和灌输的。在德育活动中，正确树立以学生为主体的德育新观念。

"根据对学校管理的研究，学校是一个特殊的文化载体。学校管理实际上是学校文化从早期形成到维护文化的发展过程。管理专家麦格雷戈（Mc Gregor）指出，一个结构最关键的问题是建立一个成功的、深刻的、不分地域的情感信念。随着管理活动的不断发展和管理理念的不断完善，以往的管理理念逐渐转变为以文化为中心的创造过程。"[1] 各种思想的形成是管理者不断了解管理任务，不断深入，逐步完善，开拓新的管理思想的过程；应用新管理思想的过程就是管理活动的实施过程。

绿色教育的根源在于中国古代的"天人合一"思想。我国著名哲学家张世英说，"'天人合一'，这里的'天'表示世界万物，人与'天'，双方一向就成为合二为一的关系"[2]，注重人与自然、人事与天道的协同，这与马克思提出的"人"与"自然"的一致性，人们对于自然规律应尊重的思想是相同的。

学校实施的德育教育能够促进学生思想道德素质的提高。鲁洁教授提

---

① 范国睿.学校管理的理论与实务 [M].上海：华东师大出版社，2003：327.

② 张世英.哲学导论（第3版）[M].北京：北京大学出版社，2016：117.

到德育的目的是让受教育者"成人"。① 目前，在信息技术飞速发展的时代，多元文化的信息生产缺乏道德价值的整合，初中时期青少年尤为敏感。在这个阶段，很容易陷入道德分裂、冲突和混乱的状态，失去道德意识和道德判断。所以，在这种多元化的社会，德育要注重培养学生的道德判断力，而不是机械地灌输道德观念。

德育管理在绿色教育理念的引领下，朝着正确的发展方向，根据初中生身心发展和认知规律的特点，进而满足学生的个性化需求。注重道德认知和道德判断力培养的同时，要强化实践环节，培育乐观正面的道德情感和积极向上的道德体验，循序渐进，前后合理衔接，真正做到"知行合一"，不断提高思想道德素质和水平。促进和改善基础教育，重新调整各级现有教育的方向，强调可持续发展，培养公众对可持续性的了解和认识。德育的定位是激发学生主动学习的热情和内在动力，探索和引导学生潜力，实现学生的自主学习和持续学习，在这一个过程中，着重强调了以人为本的基本论调。形成以人为本、持续学习和发展的观点，才能实现实践发展的持续性和整体性，更好地处理人与人、人与自然的关系，从而实现自然、经济、社会的健康、可持续发展。

在初中德育管理中融入绿色教育理念，它响应了"党的十九大精神进校园"这一呼吁，真正落实立德树人的基本任务，培养高素质人才，为实现中华民族伟大复兴作出应有的贡献。

（二）重置"以人为本"的德育管理目标

德育教育的使命在于关注学生的天性、喜好、需求，而且应当因势利导、循循善诱地进行引导和教育，从而唤醒学生真善美的天性，并在未来的前行道路上树立正确的价值体系，从而更好地指导学生发展，培养学生拥有良好的思想品德。立德树人的核心就是要让德育走进学生的心灵，绿色教育的生命性要求德育管理引导学生的心灵成长，进而让学生成为心灵的主人，重置"以人为本"的德育管理目标。

过去，德育管理目标往往局限于一个方面或集中于某一点，制约了德育管理主体的全面发展，形成了目标内涵单一、满足需求层次狭窄、效果

---

① 鲁洁.当代德育基本理论探讨[M].南京：江苏教育出版社，2010.

不理想的局面。现在，我国正是全面深化改革的重要时期，在发展市场经济、民主政治和多元文化的时代背景下，杜时忠教授提出德育目标包括三个层次：最基本的第一层次是培养爱国、诚信、敬业、友善的公民；第二层次是培养学生具有科学的世界观和人生观，使学生成为具有较高觉悟的社会主义建设者和接班人；第三层次是使少数优秀学生能够成为共产主义者。同时，他在文中指出初中阶段应以培养社会主义合格公民为主。[①]

　　明确德育目标，学校的德育管理就有了方向。绿色教育理念要求重置初中德育管理目标，一是要以小的目标为基础，需在熟悉学生主体的年龄特点和发展水平的基础上建立可行的小目标。二是德育管理目标需重视学生的个人情感的培养和生活幸福感的提高。

　　1.德育管理目标需具有时代性

　　新时代特征呈现的是全球化、信息化、价值多元化。德育教育的时代性通常是指德育教育所制定的目标是随着时代变化而及时调整的，针对各个时期不同的教育成效，科学合理地调整，进而调整德育教育的目标。德国著名的教育学家斯普朗格（E.Spranger）曾说："教育的最终目的不是教授已经存在的东西，而是引导人的创造力，唤醒人的生命和价值意识。"[②]

　　绿色教育在德育管理目标上，倡导的是时代性，要领先于教育变革，这样德育思想和理论才不会落后于时代发展。对学生不仅要开展道德规范和价值观教育，还需要增强他们的道德思维能力、辨别能力及情感能力。21世纪的教育模式有了基本的改变，从传统的"先教后学"到如今的"先学后教"。道德教育的重点是道德学习，绿色德育管理目标是通过提高学生道德修养，从而促进学生自我教育能力的提升，为学生的终身学习及其持续发展奠定坚实的基础。

　　2.德育管理目标需具有层次感和可行性

　　德育教育需立足于当下社会，契合当代的价值观，彰显学生个体生命存在的价值，获得生命的绿色发展。在德育管理的过程中，绿色教育理念要求的是关怀每一个学生个体，管理目标是承认学生的个性，尊重学生的发展特点，发掘学生的潜能，关注他们的创造力和智慧，使得学生不断超

---

①　杜时忠.落实国家德育意志培养社会主义合格公民[J].师资建设，2017（05）：47-48.

②　转引自邹进.现代德国文化教育学[M].太原：山西教育出版社，1992：73.

越自我和完善自我。与以往传统的德育管理不同,传统的德育管理是集权式、集中式的,利用各种各样的规章制度来约束、控制学生;学校德育管理不是为了控制学生,其管理的目的是为学生的发展创造更良好的条件。

德育目标的实现要求德育管理的目标与学校的实际情况相结合,并且把目标设置阶段化、层次化,同时教师应悉心教导,而不是把冰冷的考核目标当作是最后的目的。此外,要将学生的生活及身心发展都考虑进来,根据学生的自我身心发展、心理特征,将学生的社会道德观、社会的价值观结合起来,为学生的道德发展建立桥梁,实现可持续发展,实现特定的道德教育,体现德育教育的意义和内涵。

(三)创新德育管理内容

1.德育管理与心理健康教育有机结合

中国的社会思潮呈现多元化的趋势,学生的思想道德问题往往伴随着学生的心理问题,尤其是初中阶段刚好是学生身心极速发展的阶段,是他们人生中宝贵的时期。教育者要用心研究学生在初中阶段的心理特点,在德育教育教学工作中,有效地进行心理健康教育,改变之前纯灌输式的教育模式,在教育中创新性地引入当今比较前沿的心理学理论,同时与学生进行有效的心理咨询和沟通,以达到较好的效果,提高德育工作的实效。

(1)召开心理健康教育讲座,帮助学生正确认识自我

学校根据初中阶段三个不同年级的学生群体特点,有目的、针对性、定期地开展特色心理健康教育讲座,提高学生的心理素质。比如,在初一年级,对刚进初中的学生,可以开展"让良好行为转变成习惯""我需要帮助""树立目标,展翅飞翔"等一系列主题讲座。

(2)组织各式各样的社会实践活动

当今社会,学生不再是专为读书而读书,参加社会实践活动,以集体外出活动的形式去感受外面的世界,学生会慢慢地融入这个社会,逐渐改变以自我为中心的思想观念。学生参加社会实践活动,可以更好地认识、了解、审视自己,同时对身边的其他同学也有一个不一样的认识和了解,这样可以增加学生的包容心和理解力,促使他们能够进行自我疏导,减少心理认知障碍而带来的问题。此外,社会实践活动能让学生进行情感交流

及培养合作共享精神，增强他们的社会生存能力和社会适应能力。

浇树要浇根，育人要育心。心理健康教育工作培养学生辩证地看待问题，学会理性思考，面对现实且勇于担当，这也是德育教育的基本要求。

2.德育管理与家庭教育有机结合

学校的德育工作开展是否顺利，与家庭教育关系密切，家庭教育和家庭环境在德育工作中扮演极其重要的角色。学校教育与家庭教育做到相辅相成，有助于德育工作健康全面地开展。

（1）学校与家长的密切联系

学校德育管理成员小组通过电话、QQ、微信、家访等手段与家长开展互动工作，便家长及时了解学生的成长情况。

（2）家长之间彼此交流

学校通过家校交流活动，也可以加强家庭与家庭之间的交流。比如，创新家长会形式，可让有些家长传授自己的经验，以此来帮助其他的家庭，也可安排家长之间有计划性地针对孩子成长的某一问题展开研讨；班主任或者年级组可以召开小型家长会，四到五人一组，召集有类似问题学生的家长研究家庭德育策略提供有效建议。

3.德育管理与社会有机结合

绿色教育提倡德育应该是走进学生，贴近学生的生活。学校应积极地减少社会方面的消极影响，引导学生在社会生活中感受道德无穷的魅力及强大的力量。

（1）学校可邀请校外人员参与德育管理

一般情况下，学校教师的教学工作基本是源于课本，把社会人员引入德育课堂中使学生能够从更多渠道获取社会经验，丰富对社会的认知。

（2）学校需加强社区教育

社区是开展德育活动不可或缺的场所，社区教育是德育教育的重要部分。组织多层次、多结构的社区活动，一方面能够丰富学生的社会认知，另一方面能够加强学生的社会归属感。

（四）转化充满人文性、柔性的德育管理方式

绿色教育理念强调，德育管理过程中应该是以人为本，在承认学生之间存在差异的基础上，尊重学生个体生命的独特性。转化充满人文性、柔性的德育管理方式体现了这点。

1. 创优"道德与法治"课

"道德与法治"课，是开展德育教育的大本营之一，是学生思想品德培养的重要途径。如何提高"道德与法治"的实效性，主要从以下几个方面着手。

首先，改变初中政治教师的教学理念。随着时代的步伐不断更新教育教学方式，可开展主动教学法使学习对象从被动听课转向主动学习。积极主动的教学，立足于存在的问题和现象，以案例为导向，可以激发学生的活力。改变不合时代节奏的教育方式，拥有绿色教育的先进理念，以学生为本，使学生学得轻松，同时能力得到锻炼，增加学习的趣味性，使学生从"要我学"到"我要学"，进而达到德育教育的目的。

其次，"道德与法治"课内容引入人文精神，注重学生的人文素质培养。世界本身就是一个多元化、包容化的存在体。学校的思想品德教育不仅仅是向学生传达道德观、世界观等信息，更应该引导学生正确待多元文化的交融，同时激发学生主动探索的精神。这对学生今后立足社会有巨大的意义。

最后，创新"道德与法治"课堂授课形式。加强实质性的绿色教育，开展有生命力的课堂教学。授课不仅仅就是教师讲、学生听，教师要引导学生参与教学，带领学生进行社会调查等活动，进一步了解社会，进行分组研究、分析，并交流研讨总结，从而达到育人的目的。

2. 加强班主任工作

开展德育工作的前提是拥有良好的师生关系。好的师生关系首先建立在教师对学生的关怀上，绿色教育要求教师对学生个体生命关怀，通过悉心观察，倾听了解学生的心声，让学生从教师的态度和行动中感受到自己被关注。良性的师生交流使德育成为可能；师生关系恶劣会影响学生的情绪，从而影响学生接受教育的心态。作为学生德育教育管理的直接领导人，班主任是塑造学生良好品德、培养优秀品质及实现自我人生价值的专职人员，班主任需本着"立德树人"的教育理念，创新德育管理路径，顺利完成新时代的历史使命。

第一，加强对年轻班主任的培养，提高班主任队伍的综合素质。比如，经验丰富的老班主任带领新班主任，学校组织学习教育教学理论，引导他们写教育教学案例，在工作中不断学习和反思，为年轻班主任的成长提供机会和空间；定期开展班主任经验交流会议，邀请优秀的班主任对典型案例进行分析；积极鼓励新班主任，激发他们工作的积极性。

第二，创新班级德育管理方式，开启绿色生态德育模式。一方面建设绿色生态班级，营造充满人文情怀的课堂氛围，并创新班级集体活动形式。实施启发式教育，循循善诱，避免低效的灌输式教育。另一方面通过道德启蒙、道德唤醒、情感陶冶等道德教育方式，使学生形成美好而稳定的情感态度和个性品质，建立道德教育的内在基石。

第三，学校对班主任工作实施激励机制。采纳有效的激励机制就是善待班主任，善待学生，善待教育。鼓励班主任参与管理工作，班主任是学生的直接管理者，将班主任纳入到管理体系中，能使班主任产生认同感，有利于动机的强化，调动工作的积极性。同时，学校创造一个民主、平等、绿色、和谐的工作环境，能使班主任心情舒畅地工作，提高其工作效率。

3.在网络环境中注重绿色德育渗透

鲁洁教授曾在她的著作中指出："在网络多元文化信息的生产过程中，没有道德价值的整合，网络中的人们很容易陷入道德分裂。"[1] 当今，网络已经渗透到了工作和生活中每个角落，自然也渗透到了教育当中，学校应利用好"互联网＋德育"的形式，为初中的德育管理工作提供行之有效的途径和方法。德育的目的是让受教育者"成人"。在信息技术飞速发展的时代，多元文化信息的生产缺乏道德价值的整合，初中生在这个阶段，很容易陷入道德分裂、冲突和混乱的状态，失去道德意识和道德判断。

网络发展越来越快，利用互联网，有效引导学生建立正确的思想道德体系，对形成符合时代要求的道德标准是十分重要的。初中德育管理，针对学生实际特点，充分利用网络特质，开启"互联网＋绿色德育"之旅，为培养优秀的社会主义事业接班人而努力，为完成这一神圣的历史使命，需抓住初中这个关键时期。由于德育管理工作不是一蹴而就的事情，因此

---

[1] 鲁洁.当代德育基本理论探讨[M].南京：江苏教育出版社，2010：224.

对于绿色教育理念在初中德育管理中的实践研究还应该继续深入。

一方面，建立绿色德育网站，组织专业的网络德育管理队伍，在互联网环境下开展丰富多样的绿色德育教育。充分利用互联网的宣传效应和强大的广播力，通过播放相关影像，对学生进行道德知识和行为规范的普及，有利于学生思想素质的提升。

另一方面，采用创新德育管理内容，转化德育管理方式，改革德育管理评价。通过绿色德育管理，以此来促进学生健康、健全发展。开展绿色德育与科技相结合活动，使绿色德育更加富有趣味性和吸引力。通过"互联网＋德育"形式，把学生的道德认知，真真切切地转化到道德行为和道德情感上。

（五）改革绿色德育管理评价

德育评价是德育管理的关键环节，对德育教育评价的关注和管理及进一步改革，是提高绿色德育工作效果的重要手段。改变以往德育评价的单一性、不可靠性，坚持人的尺度，发展德育的人文价值，让学生在这种绿色评价中健康、健全成长。

1. 突显德育管理评价的激励功能

为实现德育管理的效能，在评价体系中建立激励机制。绿色德育评价倡导的是不断挖掘学生的潜力，激发其活力，增强其自信，促进其主观能动性，引导学生学会做人，让学生在参与活动中敢说、敢评、敢议，形成民主、和谐、富有青春气息的互动氛围，体现绿色德育的生命性和创造性。一方面，激励要把握好时机，在学生心灵受到创伤时，在道德边缘徘徊时，教师要给予适时、适当的激励。另一方面，运用激励手段，针对学生特点具体问题具体分析，不能一刀切，应根据不同学生的不同问题给予不同的评价。

2. 实施德育绿色评价体系

从心理学角度看，人是由智力要素和非智力要素构成的。同时，根据加德纳的多元智力理论得知，学生是由多种要素构成的，那么在评价学生时，则需多维，关注学生个体生命完整性的发展。因为，每个学生都是独特的，片面强调对学生智力等理性要素的评价，不仅会影响教师的工作热情，而且也会造成德育评价形式化。绿色评价体系是一种整体性的、过程性的、发展性的评价，该体系充分发挥了德育管理评价的示范作用。绿色评估体系应遵循两大原则："一是公正原则，即保证每一个德育管理对象都能受到公允对待；二是关怀原则，即评价体系要考虑整体发展，体现人道精神。"[①]有效实施德育绿色评价体系，具体包括两个方面。

（1）评价主体的多元性。为了全面认识学生，体现绿色评价的公正、关怀原则，应该变单一评价为多元评价，不仅有学校德育部门及教师评价，还应该有学生自主评价、家长评价、社区对学校德育工作的评价，即采取自评、互评、他评的多种形式，这样可以提高评价的实效，有助于学生真正认识自我、完善自我、做到可持续发展。同时，建立全面、系统的德育评价指标体系，科学、客观地反映德育的实际效果。可以根据《中学德教大纲》规范中小学生日常行为、道德标准和评估的内容，通过学生互评、教师评价、父母评价等方式评估学生的行为，对不好的评价应该采取一些积极的补救措施和教育措施，并将规章制度纳入学校的章程，对德育的评价能够以规章为基础，切实落实，充分调动师生的积极性和主动性。[②]

（2）创新评价形式，丰富评价内容。一方面，把枯燥的分数评价方式变为艺术化的评价方式，彰显评价方式的多样性。比如，成长记录袋评价方式，或电子成长记录档案评价方式等，让学生看到自己的品德优势和有待提升的地方，促进其成人成才。另一方面，统一的量化评价标准忽视了德育管理的特殊性，需考虑班级内部特殊学生个体的差异，否则会挫伤班主任在德育管理上的积极性。德育评价不应仅是通过学业成绩，或者课堂表现来进行评价，而应把学生思想道德素质的评价放在首要位置。对学生进行德育评价时不受到"唯一""标准"的束缚，而应注重评价内容的丰富性，如学生在各类德育活动中所表现出来的兴趣、与他人合作的态度、自主探索的精神等。

德育管理评价是让学生找到自身价值，让他们在未来社会中找到适合自己的坐标。

---

① 李乃涛.中小学德育管理中的三重矛盾与解决路径 [J].中国德育，2017（16）：18.

② 孙绵涛.德育治理考验协调智慧 [J].中国德育，2016（07）：24-27.

第三章 "立德树人"背景下初中德育 教学管理现状分析

随着我国综合国力的不断增强，国际交流合作日益密切，文化多元与价值多元成为不可逆转的社会现实。在多元背景的冲击下，我国中学德育工作面临诸多挑战。目前，学校、家庭、社会还存在重才智轻德育的现状；初中德育管理在实践中也出现把德育管理与德育目标等同、将常规管理量化考核与惩戒作为德育的主要手段、学习者主体地位削弱、德育课程建设滞后等问题。因此，提高当前初中德育管理的科学性和实效性，是解决初中德育管理问题的关键。

本章从初中生道德发展的特殊性分析入手，深入剖析"立德树人"背景下初中德育教学管理现状，为探寻初中德育教学管理的有效路径提供现实依据。

第一节 初中生道德发展的特殊性分析

当前，我国初中生群体的道德状况在整体上是良好的，主流是积极向上的，他们大多数具备了热爱祖国、思想健康、团结同学、文明礼貌等优良品质，他们乐于接受新鲜事物，强调个性、标新立异，有自己独特的见解，具有一定的创新精神。但与此同时，仍有一部分学生存在着这样或那样的不良行为。下面从初中生道德发展的基本特征和初中生道德行为的现状来分析其道德发展的特殊性。

一、初中生道德发展的基本特征

（一）初中学生道德发展的特征

1.伦理道德发展具有自律性，言行一致

在整个中学阶段，学生处于伦理形成时期。伦理是人与人之间的关系及必须遵守的行为准则，它是道德关系的概括。

（1）形成道德信念与道德理想

中学阶段是道德信念和道德理想形成并以此指导行为的时期。中学生逐渐掌握伦理道德，并服从它，表现为独立、自觉地依据道德信念、价值标准等去行动，学生的道德行为更有原则性、自觉性。

（2）自我意识增强

在品德发展的过程中，中学生更加关注自我道德修养，并努力加以提高。

（3）道德行为习惯逐步巩固

由于不断地实践、练习，加之较为稳定的道德信念的指导，中学生逐渐形成了与道德伦理一致的、较为稳定的道德行为习惯。

（4）品德结构更为完善

中学生的道德认识、道德情感与道德行为三者相互协调，形成一个较为完善的动态结构，他们不仅按照自己的道德准则去行动，而且也逐渐成为稳定的个性心理结构的一部分。

2.初中阶段品德发展具有动荡性

总体上讲，初中阶段的学生品德发展虽然具有伦理道德的特性，但仍旧不成熟，不稳定，具有动荡性，表现在道德观念的原则性、概括性不断增强；道德情感表现为丰富、强烈，但是又好冲动；道德行为有一定的目的性，渴望独立自主行动，但愿望与行动经常有距离。在此时期，既是人生观开始形成的时期，又是容易发生品德的两极分化的时期。

（二）初中生身心阶段分析

初中阶段是孩子的"关键期"，学业上承上启下；在个性发展、性格培养上，初中阶段也十分重要，是人生阶段的一个重要时期。对初中学生的身心阶段进行分析，有利于全面了解学生德育需求，针对性地选择德育内容。

1. 初一年级身心阶段分析

初一年级新生是刚刚从小学毕业升学上来的，面临新的学校、教师、同学与更多的学科知识，需要调整自身来适应这样一个全新的环境。这一阶段的学生开始走进一个半儿童与半成人的阶段，是一个新的起点。他们还带有小学时期的活泼好动，对事物充满好奇等，能够积极举手回答问题，有探索欲。个性上，他们天真烂漫、情感外露、待人热情，独立意识逐渐增强，慢慢有了成人感，即"小大人"，但也存在情绪易变，幼稚懵懂的一面。学习方面，他们这一时期爱表现，渴望得到关注，积极上进，对自己的成绩，教师的评价较为关心，希望博得关注，得到认可。也有孩子会有自尊心过强，争强好胜或缺乏自律，以及在自我调控上存在障碍等情况。身体上，这一时期身高、体重增长开始有明显变化，性意识由神秘好奇到朦胧、向往。步入新学校、新学期，他们有新的目标，对一切充满好奇；新学校、新学期，对孩子们说需要去适应，这一时期也是学生的新起点，这个阶段可塑性极强。因此，在这衔接时期，要关注孩子的身体成长与心理特点，注意新环境下规范养成，集体主义的意识培养等。

2. 初二年级身心阶段分析

初二年级的学生已经熟悉身边的教师、同学，对学习生活在有了一定的认识，基本都已经适应了初中校园生活。初二学生进入青春发育期，身体快速发展，记忆力、理解力也快速发展，这一时期身心发展急剧变化，也是教育的关键期。同时，初二学生自我意识越发强烈，自己的心里想法不再那么愿意跟父母分享，在教师面前也不愿积极表现，在同龄人中越来越注意自己的面子，异性面前注重仪表，这一时期也是中学的"危险期"，如出现早恋、欺凌及部分学生学业落后等现象。这一时期更是学生成长发展的重要转折点，适时引导学生思维、品德发展对未来大有裨益。这一时期，应该让学生了解自己，更注重道德伦理、心理健康、意志品格的教育，使学生面对问题能够做出正确的判断，抵制不良诱惑。

3. 初三年级身心阶段分析

作为即将毕业的学生，初三年级学生相对比较成熟，认知水平提高，各方面逐步向稳定和成熟方向发展。这一时期，学业压力陡增，复习备考的节奏较紧张，考试不断。教师要引导成绩好的同学正确对待成绩，不骄不躁，良性竞争，学会交流与合作；成绩不太稳定的同学则要引导其树立信心，稳定情绪，学会沟通分享，减轻压力；成绩不太理想的同学则要引导其端正学习态度，掌握学习方法，树立远大理想，脚踏实地。这一时期，要更多地关注学生心理，要求初三年级的同学树立一种目标意识，进行理想教育，同时使学生学会感恩，正确消化来自家长的期盼。初三年级的孩子思想较为成熟、理智，这一时期做好心理指导，做好心态调整，使学生正确认识自己，以自信、良好的心态走过毕业班的学习生活。

总之，处于青春期的初中生，生理和心理的双重变化给他们的人生带来各种各样的新奇体验，更让他们瞬间感受到自己已经从稚嫩的孩童转变成有独立思想的青少年。他们开始作为独立的个体慢慢地接触社会，因为升学换了新的环境而重新组建交际圈，并在人际交往中逐渐有了自己独特的见解，对家长的依赖也越来越少，认为自己长大了，可以自己拿主意了，喜欢按自己的逻辑方式行事，这不可避免地就导致其叛逆心理逐渐增强。这一时期是初中生进行社会化的关键时期，所谓社会化就是一个人在社会中角色的扮演和对社会经验与社会文化的学习与积累、能够正确地认清自己和明确自身所肩负的责任、能够积极主动地要求参与各项社会活动的过程。与此同时，初中生的社会化过程，也是其思想道德素质形成和发展的重要过程。但随着经济的发展、社会的进步，初中生的社会接触面不断扩大、学习和生活空间不断扩展，这一时期也是他们磨炼意志、陶冶情操、塑造心灵的最佳时期，同时是最容易受到不良因素影响而被腐蚀、被扭曲的时期。因此，对于年龄在13~15岁之间、做事富有激情和热情的初中生，在其人生发展的重要的转折期和奠基期，教育者要充分抓住其阅历少、是非观念模糊、可塑性强等特点，对其进行思想政治教育，使其在成年之前形成道德思维、习惯和品质，这将对其日后人生的发展意义非凡。如果在初中阶段没能养成良好的道德品质，其成年以后的道德教育可以说无从谈起，即使能够改变也势必要排除万难，毕竟一个人的思维方式绝非一朝一夕便能改变的。

二、初中生道德行为的现状

当前我国绝大部分初中生不但具备了热爱祖国、思想健康、团结同学、文明礼貌等优良品质，更善于接受新鲜事物、敢于迎接新的挑战，法律意识和自我保护意识不断提高，主体意识和平等意识逐渐增强。大部分初中生伴随个人自我意识和逻辑思维能力的增强，逐步形成了自己独特的思维方式，而且很多学生都树立了自己的远大理想，书本中得来的知识已经逐渐不能满足他们的求知欲，他们能够凭借自己的自我控制能力充分利用网络的信息量大、知识更新快、时效性强的特点，就像海绵一样最大化地吸取知识，并将所学知识与书本上相结合，培养自己理论联系实际的能力。他们的精神世界充实，在日常学习和生活中积极进取、自强自立，这一切充分表明我国大部分初中生的基本情况是良好的。但是迫于种种原因，仍有一部分初中生很难做到思想和言行的一致，甚至做出有悖道德规范的行为，主要体现在以下几个方面。

（一）行为失范、缺乏诚信

行为失范主要表现为说谎话、不尊敬老师。很多初中生将说谎话视为家常便饭，甚至有些人认为说谎是正常的，有时更是必要的，是为了不让教师、家长唠叨，不让他们担心，自己撒谎也是迫不得已的。初中生不尊重教师的行为主要表现在不尊重教师的劳动成果、对教师没礼貌、课堂上开小差、不认真听讲、起哄、扰乱课堂秩序、做与课堂教学无关的事等。教育局和学校为提升教师的整体综合素质，要求学生投票，开展"师德师风"的评比活动，这本身无可厚非，然而在评比过程中，有时因调控不好、不够合理，这样的活动变成了部分学生发泄对教师不满、趁机打击报复的途径。行为失范还表现为有些初中生沉迷网络游戏、寻衅斗殴、盗窃赌博。一些辍学或不良在校初中生唆使、胁迫、欺辱同学或低年级学生收取保护费，对不顺从的学生采取暴力或恐吓等方式威逼利诱。有些初中生对待他人具有攻击性，所谓攻击性是个体故意对他人、群体或事物而做出侵犯、争夺或破坏等伤害性行为反应。欺负行为是初中生经常发生的一种特殊类型的攻击行为。它与一般攻击行为相比，具有以下三个特征：有意性、重复发生性及欺负者和被欺负者之间力量的不均衡性。欺负对受欺负者的身心健康具有很大的伤害性。经常受欺负会导致初中生情绪低落，注意力分散，孤独、逃学、学习成绩下降等；而对欺负者来说，可能会为以后暴力犯罪和行为失调埋下恶果。[1]

在孩提时代，父母、教师就教育做人要诚实、要厚道，孩子的理解就是不撒谎，撒谎不是好孩子。长大后有了自己的思维逻辑，更加明确和丰富了"诚信"二字的含义。《中庸》中写道："诚者自成也。"所谓诚就是诚实、不自欺。然而当代初中生在学校里抄袭作业、考试作弊、言而无信早已是普遍现象。所谓信就是做人要讲信用，不诓人，说到做到。因为诚信是作为一个真正意义的人的根本所在，一个人如果做人做事经常失信于人，必然导致人们对他的不信任，自己的可信度会逐渐降低，就不会取得他人的信任，让自己逐渐沦落成口蜜腹剑、口是心非、表里不一的人，最终失去朋友，迷失自己的心智，落个众叛亲离的境地。《孟子·离娄章句上·第十二节》写道："至诚而不动者，未之有也；不诚，未有能动者也。"总而言之，做人要以诚信为本、不失信于人，才能得道多助。

考试作弊原本应该是一件很羞耻的事情，但是对于现如今的学生看来作弊早已成为一个很普遍的现象，考试作弊的学生不会再藏着掖着，反而会在考试结束后炫耀自己抄了多少分的考题，作弊技巧有多么高超，以至于教师都没能发现；而那些没有作弊的学生反而被作弊的学生嘲笑为缺心眼、装清高。考试作弊及日常的作业抄袭不仅仅是学习态度的问题，更是思想品质的问题，也是学生道德行为的不良问题。

（二）自私任性、缺少感恩

中国未成年人研究中心在对1500多名中小学生进行调查后发现"任性，做事以自我为中心"，也是当前未成年人存在的主要问题。这一问题主要表现在：自制力不强，爱发小脾气；比较自私，以自我为中心；不谦让，不宽容。调查显示，近5成儿童的心理问题集中表现为"任性"，近3成儿童表现为"依赖、娇气"。任性对未成年人的健康成长有负面影响，一些调查表明，任性的孩子往往容易四处碰壁，甚至走上犯罪的

---

① 张文新.儿童社会性发展[M].北京：北京师范大学出版社，1999：367.

道路。具有任性行为的人，对自己的性子没有约束，干什么都由着自己，他的性格往往会向不良方向发展。同学之间因为个人的自私任性，做事不计后果，为了一时的痛快，很容易给同学在心理上带来难以愈合的创伤，造成同学之间人际关系的剑拔弩张，严重损害同窗情谊和班级的安定团结，不利于班级的管理和班级良好风气的形成，最终导致学生的身心不能健康发展。因此，作为教育的管理者，教师必须提高警惕，做好学生的思想教育工作，要让学生充分理解力的作用是相互的，无论是出于何种目的、采用何种形式，伤害别人的同时自己也会因力的反噬而受到这样或那样的伤害，短时间内可能并未突显出来，但在若干年后必将影响他们对人际交往的认知和交往的方式。

人们常说对人对事要存有感恩之心，那什么才是感恩呢？"感恩"一词在字典中被定义为乐于把得到好处的感激呈现出来且回馈他人。母亲赐予孩子生命，大自然无私地赐予人们必备的生存能源——阳光、空气、水及人们赖以生存的土地。人们生活在这个世界上，没有它们，人类社会的发展无从谈起，因此人们要学会感恩！但是现代人随着生活节奏和生存压力的增大，一切朝向利益，丢失了感恩的心，而对于那些从小就含着金汤匙长大的初中生，早就习惯了饭来张口、衣来伸手的生活，认为父母生育了自己，就有责任、有义务为了让自己更好地生活付出最大努力，甚至认为父母给自己洗衣服、做家务、花钱等都是理所应当的，毫无感恩可言。学生没有感恩的心，又谈何感恩的行为呢？他们对待有生养之恩的父母尚且如此，对社会、对他人就不用说了。从另一个角度来讲，"感恩"是人们心灵深处的一种认同；"感恩"更是一种回报。尤其是初中生，更要学会、懂得感恩，让他们时时对他人的帮助怀有感激之情。通过感恩教育，可以让他们感受到接受别人的帮助是温暖的，激励自己在生活中尽自己所能帮助别人，在帮助他人的过程中得到快乐，使自己的灵魂得到升华，在实践中体会到"感恩"是一种人人都应该具备的美德，自己要通过实际行动感染身边的人，争取人人都怀有感恩的心，响应国家号召，促进和谐社会的健康发展。

（三）依赖性强、不爱劳动

孩子从出生到蹒跚学步，再到上小学、上中学、上大学，甚至是读研究生、读博士生，父母在孩子的每一个成长阶段都付出了无法言表的艰辛和努力，但他们从不要求任何回报，只是期盼自己的孩子能够平安、健康地长大，能独立地撑起一片天，成为一个对社会有用的人，除此之外别无他求，这也正是父母的伟大之处。然而也正因为如此，很多初中生从小便养成了对父母、教师的依赖心理。这是很普遍的一种社会现象，根源在于现代中国家庭多为独生子女，从小便在家人的呵护下长大，在家里拥有至高无上的权利、说一不二，孩子主动要求做家务几乎是不可能的。平日里孩子想要什么，只要家庭经济能承受得起，大部分家长势必会尽全力满足孩子的需求。而家长的一再溺爱，必然导致孩子对家长的依赖性逐渐增强。凡事依赖他人，必会放松对自我积极向上的要求，在不知不觉中形成对个人成长、未来发展都有极大危险的依赖性人格，这种人格会使个体难以发挥其自身的独立性和创造性，个人潜能很难被挖掘出来，进而很难有能力应对日益激烈的社会竞争。

从小培养孩子养成孝顺父母、懂得关怀父母、热爱劳动、尊重他人的劳动成果、勤俭节约、吃苦耐劳、自立自强等优良品质，更会加深父母与子女之间的沟通与交流，使亲子关系更密切，对于向社会输送德才兼备的人才具有深远意义。

（四）目光短浅、表里有别

近几年来，由于市场经济和国内外形势的巨大变化，人们的价值观也逐渐发生了变化。很多人目光短浅，过分强调个人利益、以自我为中心、急功近利、出现了金钱至上、唯利是图、一切朝钱看等拜金主义的思想，严重影响了正处于观念混乱模糊阶段的初中生，混淆、误导了他们的价值观，最终导致初中生没有远大志向、目光短浅，感觉人生活着只为金钱，混沌度日。而现有的电视、媒体、网络上的暴力影视剧及暴力游戏，对初中生，尤其是一些思想意志薄弱的初中生，他们经不起教师和家长的批评教育、同学之间的小摩擦，心里不舒服就会模仿影视作品或游戏中看到的情节，如逃课、离家出走、以电话或写信的方式威胁教师和同学；有的与同学稍有不和，就大打出手，打赢了觉得自己有做大哥的潜质，趁机在同学中扬名立威，让别人知道自己的厉害，以后谁也不敢轻易招惹自己；打输了就找同学拉帮结伙，伺机报复，甚至有的初中生从社会上拉拢流氓混混，寻求其"保护"、给自己"报仇"。

大多数初中生心里很清楚什么样的行为和品质是好的，是值得自己学习和社会推崇的。然而一旦要求他们付诸实际行动，大部分学生都会产生极大的偏差，他们这种想一套做一套、口是心非、表里有别、毫无原则可讲的人生观和世界观，如果不及时在思想上加以正确引导，必然导致他们言行的不一致，前后自相矛盾，甚至做出违法乱纪的行为。

初中阶段正是人一生中德行修养塑造的关键时期，在这一时期品德的塑造、健康心理的培养及其行为习惯的养成在很大程度上会跟随其一生，对自身今后的成长成才起着至关重要的作用。如果初中生在初中阶段品德塑造有所偏差，心理培养出现歪曲并养成不良的行为习惯，就会阻碍初中生身心健康成长，影响初中生形成正确的政治观念、正确的经济观念和积极的文化观念。因此，提升和改善初中生的道德行为，加强初中德育教学管理势在必行。

第二节 "立德树人"背景下初中德育
教学管理现状分析

为了充分体现初中德育教学管理现状，本书选取吉林省长春市S初级中学，初一、初二、初三三个年级共300名学生作为本次问卷调查研究对象。此外，选取吉林省长春市S初级中学班主任、各科任课教师及"道德与法治"教师，作为深入访谈的对象。

为了更好地了解初中德育教学管理现状及存在的问题，笔者自行编制一份调查问卷（见附录）。此调查问卷是笔者在参考相关文献的基础上，根据德育教学管理维度编制而成。问卷共分为三部分，一是学生人口学变量（年级、性别），二是问卷主体部分，三是扩展性问题。问卷的主体部分涉及德育教学管理内容的现状调查，共涵盖七个内容维度：德育计划、德育方法、德育组织、德育文化、德育活动、德育课程和德育评价，均采用李克特五点计分法，每个表述下都有五个选项，5= 非常符合，4= 比较符合，3= 一般，2= 比较不符合，1= 非常不符合。从具体各维度来看，维度一是德育计划制定，主要调查学生对学校德育计划是否满意、认可；维度二是关于德育方法，主要调查学生对学校德育方法实施效果满意度的调查；维度三是关于德育组织，主要调查学生对学校德育组织体系是否了解；维度四是关于德育文化，主要调查学校德育软、硬文化在教育教学过程中的影响程度；维度五是关于德育活动，主要调查教育教学过程中活动教学的频率、效果；维度六是关于德育课程，主要调查学校德育课程实效性；维度七是关于德育评价，主要调查学校德育评价的效果、作用。第三部分扩展性问题，主要是了解学生对德育教学管理的意见和建议。

一、关于德育教学管理各维度中存在的问题

总体上，初中德育教学管理主要存在两大问题：一是学校德育教学管理工作理念落后，德育整体效果不理想；二是学校教育的情怀与温度不足，难以最大限度唤醒受教育者的德性。具体来看，初中德育教学管理存在的问题可以从德育计划、德育组织、德育方法、德育活动、德育文化、德育课程、德育评价七个实践维度进行分析。

（一）德育计划作用认知不足，德育计划制定缺乏科学性

德育计划是德育目标顺利完成的关键，制定合理、科学的德育计划，有利于学校德育实效性的提高。德育计划的制定主要受国家教育总方针、德育管理者决策能力、执行者综合素质、督学督导严谨程度的影响。根据问卷调查及采访结果显示：长春市 S 初级中学的学生认为学校制定的德育计划质量、作用一般；同时对学校德育计划工作满意程度处于中等水平；班主任、科任教师对学校德育计划的重要性认识不够，计划制定缺乏严谨的科学态度。

从调查问卷结果显示，长春市 S 初级中学的学生对学校德育计划整体满意度低，德育计划制定缺乏科学性，在德育管理调查问卷的七个维度中，

德育计划单题平均值为 3.773。不同年级对德育计划的差异分析中 P 值为 0.000，不同性别学生对德育计划的差异分析中 P 值为 0.028，说明 S 初级中学学生对德育计划的满意度受到年级和性别的影响较大，初三、初二年级学生对德育评价的分数显著低于初一年级学生，男生对德育计划的评分明显低于女生。在访谈中，S 初级中学班主任教师、"道德与法治"教师、各科任课教师均表示学校德育计划的制定合理，对实现教育总目标、提升学生道德品质起着重要作用，并且分享他们在工作中制定德育计划的心得。但是，他们对德育计划的重要性及作用认识还不够深入，在德育计划的制定中忽视了青春期受教育者身心发展规律，对德育计划缺少系统化、科学化的制定办法，导致制定的德育计划单一且效果一般。与此同时，学校忽视了德育计划在整个德育教学管理工作中的重要性。

正如 H 教师谈道：每学期会制定德育计划的，比如说每个星期一的下午都是班会，是主题班会，这个星期是以安全为主题，下个星期是以其他内容为主题，学校对班主任的班级德育管理计划安排上，没有硬性要求，主要看班主任个人。（摘自 H 的访谈录）

从对 S 初级中学班主任的采访可以了解到，班主任作为学校班级管理者，与受教育者有着密切的联系，扮演实施学校德育计划的角色，但是学校面对班主任极其重要的管理角色，并没有意识到其重要性。从更深层次上来看，学校对德育计划的认知徘徊在浅层次。并且，在访谈中可以发现，班主任教师将德育计划等同于单一的例行班会，侧面反映出教育者对德育计划认知的偏差。显然，班主任作为班级综合管理者对德育计划的制定缺乏严谨的科学态度。

S 初级中学的 W 老师在访谈中提到：思想政治的德育计划就是班会，开班会就是做思想教育，开班会前班主任老师会进行总结，本周谁没有表现好，谁违纪，班级里出了什么事，都会在班级里进行教育。学校每个星期会开一次班会，班会课是主题班会，如最近的防疫主题班会。每个星期会有不同的主题，由学校政教处发通知，各班班主任必须开。（摘自 W 的访谈录）

（二）德育方法呆板单一，方法使用缺乏情怀与温度

德育方法是道德教育理论通往道德实践的桥梁，是道德认知向德性成长转变的必经之路。从 S 初级中学德育方法的运用情况来看，整体上德育方法使用过于单一，缺乏德育方法整合意识，与此同时，在整个德育过程中，教师德育方法的使用缺少对学生情感的关怀。此外，学校德育方法使用还存在一个致命点，教育者将惩罚手段归于德育方法。

首先，问卷结果显示，S 初级中学的学生对德育方法认知处于高等水平，尽管 S 初级中学的学生在德育方法层面，单题平均得分在七个维度中最高为 4.106，值得关注的是，S 初级中学的部分学生对德育方法的丰富性、价值意义的认可度一般。变量差异检验显示，不同年级的学生群体在德育方法差异检验中显著性概率 p 值为 0.000，说明德育方法与学生所处的年级有显著相关性。由平均值得分可知，初三、初二年级学生的德育方法认知低于初一年级学生。S 初级中学有部分同学认为，学校德育方法多样性一般；小部分受教育者认为学校德育除德育课程教学法外，没有使用其他的德育方法。在问卷调查最后两道扩展性问题中，部分同学提出，由于学习压力及复杂的家庭环境，导致经常出现情绪失落、学习热情不高的情况，希望教师能与自己多沟通，帮助解决问题。从此问题回答可以看出，教育者在进行知识传递与班级管理中，忽视了对学生情感的关注，未能及时发现学生的学习生活需求，侧面反映出 S 初级中学的德育方法还仅仅停留在课堂教学法。

在访谈过程中，面对学生的问题 W 老师说：课堂上有人睡觉，我会把他叫起来，站一下，有学生说话也是让他们站起来。思政课每个星期有一天早读，比如说政治早读有学生迟到，主要是让迟到的学生罚站，到了复习的时候，有的学生偷懒，光站着也不背书，我会要求学生五分钟背下一个问题，没有背下的情况会打下手心，打几下意思一下，也不会很痛，就是想告诉他，快考试要抓紧时间，主要是以罚站的形式为主。（摘自 W 的访谈录）

根据长春市 S 初级中学教师的访谈内容，面对学生的问题教育者将惩罚等同于德育方法，无形中将受教育者推向了教育的对立面，使学生在一种被迫状态下进行行为上的转变，此做法与德育的本质背道而驰。

（三）德育组织不健全，组织综合能力有待提升

德育组织是指德育工作者，为实现德育目的与要求，依据国家德育工作规定，将相关的德育要素组织成体系。本书从德育组织的完整性、专业度、组织综合能力等方面进行综合考量。调查呈现的主要问题是学校德育组织不完善，德育组织专业素养有待提高，缺乏系统、科学的组织行为能力。

从调查问卷结果显示，S初级中学的学生对学校德育组织整体满意度低，德育组织专业性、完善度不高，在德育管理调查问卷的七个维度中，德育计划单题平均值为3.624。不同年级对德育计划的差异分析中P值为0.000，不同性别学生对德育组织的差异分析中P值为0.008，说明S初级中学学生对德育组织的满意度受到年级和性别的影响较大，初三、初二年级学生对德育组织的评分显著低于初一年级学生，男生对德育组织的评分显著低于女生。S初级中学的学生中，有近三成的学生认为学校德育管理部门健全度与专业度一般，并且有学生认为学校德育组织不够健全、不够专业。与此同时学校德育组织工作安排与执行力度与当今时代对德育要求不匹配。在问卷调查过程中，只有部分学生认为学校经常组织学生参加活动。

（四）德育文化传播方式单一，传播途径缺乏创新

德育文化是提取文化中育德育智的精华部分，用此来浇灌培育新时代合格公民。关于德育文化，本书主要从学校德育文化的传播方式、德育文化对受教育者的作用、学校德育文化环境整体情况几个方面来探究德育文化的现实情况。研究发现：初中德育文化存在的主要问题包括学校德育文化的传播范围仅局限于学校文化环境上的传播，教育者忽视德育文化隐性传播的作用，导致德育文化未能发挥最大化作用；德育文化传播途径缺乏创新，未根据时代的德育需要进行改革更新。

调查结果显示，S初级中学学生对学校德育文化工作整体认知处于高等水平，在德育管理调查问卷的七个维度中，德育文化单题平均值为4.032。不同年级对德育文化的差异分析中P值为0.000，说明S初级中学学生对德育组织的满意度受年级影响较大，初三、初二年级学生对德育文化的评分显著低于初一年级学生。虽然大多数学生对学校德育文化环境氛及作用

性持赞同状态，但是在问卷扩展性问题回答中，有部分学生提出校园文化宣传主要呈现在校园环境上，并没有其他形式文化传播活动。在问卷调查中，大多数学生对学校组织的以"文化"为主题的活动不感兴趣。

S初级中学教师对学校德育文化传播整体效果评价不错，对存在的问题也积极地反思，但是难以找到科学合理的解决路径。在访谈过程中，教师认为学校德育文化传播主要集中在德育文化环境上，没有重视隐性德育文化传播的作用，与时代的发展需要不匹配。

A老师访谈时提到：关于学校德育文化的传播，学校大厅标语写着"关注每一个孩子成长，让每一个孩子都能得到进步"，因为学生进来的基础不一样，希望每个孩子在这里都能得到改变，能变得更好。（摘自A的访谈录）

（五）德育活动设计缺乏民主性

德育活动形式制度化，忽视受教育者主体性德育活动是德育工作者为了实现德育目的与任务，根据教育相关要求与规定，应开展有利于受教育者品德成长的活动。关于德育活动，本书从德育活动的作用、德育活动的吸引力价值、德育活动参与方式、德育活动种类等方面进行分析。研究发现：S初级中学德育活动存在的主要问题有：学校德育活动设计参与者过于集中，缺乏民主性；在德育活动形式上，呈现出制度化、强制性；学校德育活动的整个过程，忽视学生在活动过程中的主体地位。

从调查问卷结果显示，S初级中学的学生对学校德育活动整体满意度低，德育活动制定缺乏科学性，在德育管理调查问卷的七个维度中，德育活动单题平均值为3.540。不同年级对德育活动的差异分析中P值为0.000，不同性别学生对德育活动的差异分析中P值为0.041，说明S初级中学学生对德育活动的满意度受到年级和性别的影响较大，初三、初二年级学生对德育活动的评分显著低于初一年级学生，男生对德育活动的评分显著低于女生。大多数的学生认为，学校开展的道德教育和德育活动是具有教育意义的，但是，学生们普遍认为学校德育活动不够丰富多彩，吸引力一般，并且认为学校德育活动都是校方强制要求参加。

在对S初级中学教师的采访中，发现学校德育管理部门积极地为学生开展德育活动，为了丰富学生的课后生活，S中学开设课后辅导班。但是，德育活动的内容形式较单一，主要集中在班会课、升国旗、艺术比赛等活动。

D老师访谈时提到：其实活动还是较多的，有市全体学校举办的活动，也有学校举办的活动，其实都有，但是参与率并不是很高，学生不愿意参与，愿意参与的很少，学校有课后看护，初中就是以学习社团和艺术社团为主，初三主要就是学习社团，初一、初二学生可以去乒乓球、羽毛球、篮球，或者是音乐、美术这些社团，学生一天只上七节课，课后看护主要在八、九节课，社团会专门配备教师，比如说有音乐、美术相应的教师去组织这些。（摘自D的访谈录）

从上述访谈中可以得知，学生对活动的参与度非常低，德育活动直接是由管理者决策好直接实施，教师与学生对德育活动的前期设计制定几乎没有参与，导致德育活动的内容视角成人化，学生参与度及实践效果不理想。

（六）德育课程忽视隐性教育意义，课程模式单调乏味

德育课程不仅仅是指德育课程的文本，而且是指在特定道德场景中的生活事件、德育活动、道德规范等因素相互联结、相互影响、彼此沟通而呈现出来的道德生活事件的连续体。[①] 目前，初中德育课程的问题主要包括：在学校教育中德育课程以显性教育为主，没有意识到隐性教育的作用；将德育课程简单归结于课堂教学，忽视德育课程的其他方式，错失德育宝贵机会。

调查结果显示，S初级中学学生对德育课程的总体满意度低，在德育管理调查问卷的七个维度中，德育课程单题平均值为3.459，得分最低。不同年级对德育课程的差异分析中P值为0.000，说明S初级中学学生对德育课程的评价受年级的影响较大，初三、初二年级学生对德育课程的评分显著低于初一年级学生。无论如何，德育课程维度总体平均分和维度下各题的平均分都比较低，说明学生对德育课程合理性、满意度和认可度都处于一般水平。在问卷的最后两个开放性问题中，有些学生明确提出意

---

① 王林义，龙宝兴. 重新认识德育课程 [J]. 课程. 教材. 教法，2005（09）：62-65.

见，希望"道德与法治"课程能多一些趣味性；还有的同学建议教师上政治课能带入更多的情感，而不是单一的传递道德知识等。虽然学生的评价带有一定的主观性，但也在某种程度上反映出德育课程的问题和需要改进的地方。

在访谈中，了解到 S 初级中学开设了心理课程，是专门针对青春期学生开设的一门课程，通过讲述心理小知识，拓展学生的知识面，帮助学生成长。

正如访谈中 Y 老师所谈道：心理健康课是专业老师来上课。我们学校有一个很厉害的学心理学的老师，专门给学生上心理课，这门课程以开导为主，是不需要考试的，就是上一节心理课通过学生合作组织一个活动，通过这个活动告诉大家一个道理，或者告诉大家一个心理学的知识。（摘自 Y 的访谈录）

但是，除"道德与法治"课程与心理课程外，学校没有其他有关德育的课程，并且在课堂教育中，授课模式单一，授课方式还保留着传统的灌输教育范式，忽视学生主体性。在教育过程中，有教师意识到此教育授课模式的弊端，教师在课堂中会增加新的授课元素。

正如 H 老师谈道：学校总体授课模式情况我不知道，但是我自己上课会改变教育方式。在上课之前，让学生自己讲一个之前学过的小知识点，让学生参与课程，他们的情绪会高涨一点，然后再让某些学生上台来讲自己的感想，他们的积极性会更高，效果会更好一点。（摘自 H 的访谈录）

（七）德育评价以分数为主要依据，评价主体单一

德育评价是德育工作的重要组成部分，对德育工作起着指导性作用。德育评价以德育目标任务为依据，通过科学合理的方法和手段，对德育的全过程与效果作出价值上的判断。本书从受教育者对德育教师的满意度、德育全员化程度、德育评价方式等方面进行德育评价分析。研究发现：目前，S 初级中学德育评价存在以分数为主要依据，评价主体单一的问题。

调查结果显示，S 初级中学学生对学校德育评价工作整体认知满意度较低，在德育管理调查问卷的七个维度中，德育评价单题平均值为 3.551。不同年级对德育评价的差异分析中 P 值为 0.000，说明 S 初级中学学生对德

育评价的满意度受年级影响较大，初三、初二年级学生对德育评价的评分显著低于初一年级学生。在问卷调查的最后开放题建议中，大多数同学建议德育评价好坏不应仅根据成绩高低来判断。此外，学校德育评价的主体过于单一，评价主体主要是班主任，这样会导致德育评价结果带有主观色彩，不够全面。

在访谈中，G 教师提及：都是班主任来写学生德育评价，其他科任教师不会参与，其他教师看到学生出现问题会跟班主任沟通，但是他们自己直接沟通会比较少，不是说没有，但是比较少一点，主要让班主任来沟通。（摘自 G 教师的访谈录）

在访谈中，W 教师谈到：主要是书面成绩，也就是期末考试的成绩，不会像大学那样看平时成绩，综合考查进行评判。（摘自 W 教师的访谈录）

在调查问卷的扩展性问题回答中，部分同学提出关于学校德育评价的建议，学生希望德育评价除教师评价外，可以增加其他评价主体。与此同时，还有将近十分之一的学生提及到，某些教师素质不高，如教师抽烟、辱骂学生、不尊重学生等。针对问卷开放题所呈现的问题，德育评价应当是对教育者与受教育者二者的评价。

二、德育教学管理问题原因分析

现阶段，学校德育教学管理存在的上述问题，其成因是复杂多样的，透过德育教学管理的现象，深度挖掘问题产生的根源，从根本上找到解决对策。结合问卷调查与访谈结果来进行分析，本书认为：初中德育教学管理存在的问题可以从教育理念、思维模式、德育队伍、品德认知四个方面进行分析。

（一）重智轻德的教育理念影响德育组织发展及计划制定

家庭教育、学校教育、社会教育是教育的重要组成部分，三大教育支柱对受教育者的影响深远而持久。现阶段，我国经济高速运转，科技进步日新月异，综合国力不断增强，价值观发生巨大变化，家庭教育、社会教育的作用正在逐渐衰弱。社会在多元文化冲击下，重智轻德的理念统领了教育的各个方面。

德育与智育是教育的重要组成部分，也是人全面发展必不可少的部分。但是，在现实的教育过程中，人们对智育非常看重，而对道德的教育得过且过，德育与智育杠杆不平衡。因此，德育资源匮乏，德育经费投入不足，德育组织发展不健全，德育计划的制定也缺乏一定的科学性。以期望理论分析发现：在错误的教育理念影响下，学校德育工作不被校方所重视，德育者的工作回馈与劳动付出不匹配，其自身目标与需求得不到满足，从而导致德育工作缺乏动力，影响德育组织发展及计划制定。

（二）固定思维模式阻碍德育课程改革及文化传播

研究发现，固定型思维模式，阻碍了德育课程改革及文化的多方传播。目前，固定型思维模式是导致德育课程忽视隐性教育意义、课程模式单调并缺乏趣味性、德育文化传播方式单一、忽视文化传播途径的创新的主要原因。固定型思维模式，使德育效果大打折扣。通过对 S 初级中学的问卷调查及质性访谈结果可以发现，学校将德育课程等同于"道德与法治"课程，在德育管理调查问卷的七个维度中，德育课程单题平均值为 3.459，得分最低。实际上，德育课程不仅仅是思想品德文本课程，还是指在品德情景中的实践活动、道德事件、品德规范要求等多方面要素相互作用下而形成的持续性综合体。将德育课程等同于"道德与法治"课程导致德育课程集中为显性的思想政治课程，而忽视了隐性教育意义。

正如访谈中 W 老师谈道：学校的德育课程基本上就是"道德与法治"课，学习课本上的知识，练习册上的知识，没有额外的教学拓展，因为学生课后也没有太多的时间去做，主要是课堂上的学习。（摘自 W 的访谈录）

此外，调查结果显示，S 初级中学学生对学校德育文化工作整体认知处于高等水平，德育文化单题平均值为 4.032。虽然大多数学生对学校德育文化环境及作用持赞同状态，但是在问卷扩展性问题回答中，部分学生提出校园文化宣传主要呈现在校园环境上，并没有其他形式的文化传播活动。在访谈中了解到，学校德育文化主要是靠德育课堂、校园环境来进行传播。仅仅通过课堂传授德育知识文化，用显性德育环境来刺激学生对德育信息接收，是远远不够的。因为品德结构是由知、情、意、行所构成的，固定型思维模式下的德育仅仅停留在学生德育知识的传授，而忽视从全方位促进学生德性的成长。

（三）学校德育教师队伍职业素养不高限制德育活动及方法创新

教师职业与其他职业不同，教师的工作任务是教书育人，肩上扛着责任与国家希望。教师的言谈举止、品德精神、知识容量、综合素质都会影响未成年人。因此，教师应当具备较高的职业素养，合格的人民教师应当具备教育思想、职业道德、能力、知识和身心等五种素养。

笔者认为：学校德育教师队伍的职业素养不高，德育教师的教学门槛偏低，导致 S 中学德育方法呆板单一，缺乏情怀与温度；德育活动设计缺乏民主性，德育活动形式制度化，忽视受教育者主体性。

正如 J 教师在访谈中提到：我本是教两个班英语，由于课时量不足，且自己以前教过政治，所以又调来教政治课。政治这几年经常改革，特别是初三总在改革，教师不够，以至于其他教师也会教政治课。此外，部分教师是兼不同课程，每年所授课程会有变动，如今年带政治明年带历史，或者带生物。（摘自 J 的访谈录）

从调查问卷结果显示，S 初级中学的学生对学校德育活动整体满意度低，德育活动制定缺乏民主性，德育计划单题平均值为 3.540。在问卷扩展性问题中，学生普遍认为学校开展的德育活动单调乏味、吸引力一般，并且认为学校德育活动都是校方强制要求参加的；还有同学建议老师能多与学生沟通，帮助解决心理上的问题。从此问题建议可以看出，教育者在进行知识传递与班级管理中，忽视了对学生情感的关注。此外，具体还有如下问题：学校整体德育团队素养不高，导致德育活动的制定缺乏理论支撑和科学指导；没有充足的知识理论、有效实践经验来推动德育方法创新，致使德育方式呆板单一。

此外，在访谈中还了解到，S 初级中学教师培训力度不够，教师培训主要集中在对年轻教师，德育团队缺乏专业化的德育人才。

在访谈中，H 教师谈到：在班级管理过程中，面对学生不规范行为，自己会找学生谈话，通过与同学沟通，找出问题产生的原因，平时也会去注意自己在班上的行为举止，主要是采用这两种方式。（摘自 H 的访谈录）

在访谈中，W 教师谈到：目前学校没有组织线上培训，其他的培训也没有组织，学校的专业政治教师比较少，有那么 5、6 个人，专业教师太少，很多都是数学教师、语文教师、英语教师、化学教师来上课 …… 教师培训的话年轻教师多一点。（摘自 W 的访谈录）

（四）教师品德结构认知不足导致德育评价功能缺失

德育与其他教育不同，因为学生品德形成是一个复杂的过程。品德心理结构是由道德认知、道德情感、道德意志和道德行为四个部分组成，简称为知情意行。其中，道德认知是受教育者品德形成的基础；道德情感是道德行为的驱动力；道德意志主要作用是支撑和调整心态；道德行为是道德认知与情感的实践表现。

S 初级中学的德育教师对德育品德心理结构认知不足，没有重视品德形成的过程，将受教育者道德品质的形成简单看成德育认知，导致德育评价以分数为主要依据，评价主体单一，在德育管理调查问卷的七个维度中，德育评价单题平均值为 3.551。问卷调查显示，绝大多数学生认为德育评价以教师评价为主，并且教师主要是看学生思想政治课程的考试成绩，以量化的分数来衡量学生的品德。此外，学生期末的德育评价工作主要由班主任来进行，德育评价主体单一。因此，阻碍了学生品德的形成和发展。

此外，教育者与受教育者的沟通不足，教育者对受教育者的内心真实诉求不了解也是重要原因之一。在访谈中了解到 S 初级中学的学生大多是留守儿童，缺乏家人的关心照顾，家庭环境复杂导致学生的身心受到影响，教师应主动与学生沟通，了解学生真实情感诉求。

第四章 初中德育教科书的价值定位

作为学校道德教育主要资料的德育教科书，其文本中所蕴含的德育价值内容对树立学生的世界观、人生观和价值观起到了重要作用。因此，从文本中探究德育教科书价值取向的嬗变与发展，是对德育教科书选择和反映社会主流价值观念的解读，是对学校德育价值取向的反思。

第一节 初中德育教科书的内容选择

一、德育教科书中中华优秀传统文化的内容选择

中华优秀传统文化是中华民族万古长青的根基和永世不灭的灵魂，对青少年的成长和发展起到了很好的奠基作用。在推进社会主义现代化和实现中华民族伟大复兴的背景下，需要在全社会特别是在青少年中大力继承和弘扬中华优秀传统文化和时代精神，这样能在建设中国特色社会主义的进程中，更好地构建出具有中国特色的核心文化价值体系，为中华民族的繁荣发展做出贡献。学校作为普及中华优秀传统文化的重要阵地之一，主要是通过国民教育的内容和形式来宣传优秀传统文化知识和弘扬优秀传统文化精神。而教科书作为教育内容的主要载体，自然也会成为宣传和弘扬中华优秀传统文化的一个重要阵地。因此，德育教科书的内容选择上体现出中华优秀传统文化的教育内容符合教育的需要及课程标准的要求。

我国长期重视加强对青少年学生进行优秀传统文化的教育，尤其从20世纪90年代开始，国家层面都相继出台过一些关于重视中华优秀传统

文化的文件。其中，1993 年中共中央 国务院印发了《中国教育改革和发展纲要》，提出要重视对学生进行中国优秀文化传统教育。1995 年 3 月 18 日第八届全国人民代表大会第三次会议通过的《中华人民共和国教育法》中第七条明确规定，教育应当继承和弘扬中华民族优秀历史文化传统。2006 年，中共中央办公厅、国务院办公厅印发的《国家"十一五"时期文化发展规划纲要》中指出，重视中华优秀传统文化教育和传统经典、技艺的传承。2007 年胡锦涛同志在党的十七大报告中指出："我们要全面认识祖国传统文化，取其精华，去其糟粕，使之与当代社会相适应、与现代文明相协调，保持民族性，体现时代性。"[①] 近年来随着国学热的升温，学校教育中对传统文化的重视程度日趋明显。2013 年中国共产党第十八届三中全会提出要完善中华优秀传统文化教育，在此基础上，教育部印发了《完善中华优秀传统文化教育指导纲要》（以下简称《纲要》），对加强中华优秀传统文化教育的意义、原则和内容都做出了明确的说明和规定，从而为各类学校开展中华优秀传统文化教育提供了明确的依据。该《纲要》将中华优秀传统文化教育的主要内容具体划分为"以天下兴亡、匹夫有责为重点的家国情怀教育"；"以仁爱共济、立己达人为重点的社会关爱教育"；"以正心笃志、崇德弘毅为重点的人格修养教育"三个方面。其中，家国情怀教育主要在于着力引导青少年学生增强国家的认同感，以祖国的繁荣和衰落作为最大的光荣和耻辱，培养爱国情感，树立民族自信，将青少年学生培养成为自信、自尊、自强的中国人。社会关爱教育旨在引导青少年学生学会如何正确处理好与社会和他人之间的关系，培育集体主义精神和乐于奉献、热心公益慈善的良好风尚。人格修养教育旨在引导青少年学生自觉弘扬中华民族优秀道德思想，形成良好的个人道德品质和行为习惯。具体到初中德育教科书的内容选择上，可以依据前面对中华优秀传统文化的分析框架，结合个人与国家、个人与社会及个人自身人格品性来展开中华优秀传统文化的内容选择。

---

① 胡锦涛. 在中产党第十七次全国代表大会上的报告 [N]. 人民日报，2007-10-25.

二、德育教科书中外国优秀文明成果的内容选择

外国优秀文明成果不是西方资本主义的专利，它应该属于全人类，是全人类的共同财富。因此，初中德育教科书在内容选择上除继承中华优秀传统文化之外，还应该吸纳和选择除中国之外的其他国家优秀文明成果来增强教科书的国际性。在全球化和国际化趋势下，如何培养学生的国际理解教育也成为当下学校教育中的一个必备要求。所以，德育教科书如何通过展示其他国家的文明成果来强化学生的国际理解教育也成为课程标准的一个基本目标。

文化的全面繁荣和发展，除对自身文化的弘扬之外，也离不开对世界其他文化资源的吸收和借鉴。相比于西方国家，我国的国际理解教育虽然起步较晚，但发展较快。目前，随着国际化趋势的推进，国际间的交流和合作日益频繁，我国对这方面的教育也日益重视起来。在教育中倡导与国际接轨，注重对外国优秀文明成果的借鉴和吸收，突显国际理解教育理念。在最新一轮的基础教育课程改革中，"国际意识""世界意识"和"全球意识"等概念频繁出现于课程标准之中。尊重和理解世界各国的文化是国际理解教育的重要内容，所以异域文化中的优秀理念自然也会体现在德育教科书中，成为德育教科书中借鉴外国优秀文明成果不可或缺的一种课程内容和课程资源。

由于外国优秀文明成果涉及面极其广泛，内容包罗万象，一般研究难以对其丰富内涵进行全面概括。总的来说，以异域文化中的精品为主要代表的外国优秀文明成果主要以资本主义价值体系的自由主义、个人主义、理性主义等为主要内容[1]。并在此基础上衍生出自由、平等、民主、人权等建立在理性主义之上的一些价值观念。

习近平在 2015 年第七十届联合国大会上提出了"和平、发展、公平、正义、民主、自由"的全人类共同价值目标[2]。这是习近平站在"人类命运共同体"的高度提出的人类共有价值观，充分体现了人类共同的价值目标，是对人类文明成果的高度概括，同时也集中反映了外国优秀文明成果。

---

① 王芳. 当代中国社会主义核心价值体系建设研究 [D]. 北京：中共中央党校，2014：57.

② 习近平出席第七十届联合国大会一般性辩论并发表重要讲话 [N] 人民日报，2015-09-29.

通过对初中德育教科书内容的分析可以发现，教科书中除对中华优秀传统文化的继承和弘扬之外，还在教科书材料的安排上选用了一定比例的外国元素，如教科书中选用了很多的外国榜样人物、一些外国优秀的经典故事和名言警句。客观地说，教科书中选取的这些外国叙事作品都非常典型且具有代表性，属于外国优秀文明成果中的经典叙事，通过故事的形式在德育教科书中作为阅读材料部分的内容表达出来，既增添了教科书的趣味性和可读性，同时又能够非常到位地起到需要表达的效果，在一定程度上向学生展示了与中国文化稍有差异的异域文化特质。从国别上看，通过对教科书中除中国之外其他材料的分析，可以发现在这些所选的外国材料内容的背后也彰显了一定的国际化教育理念。

三、德育教科书中社会主义核心价值观的内容选择

社会主义核心价值观是中国共产党在新时期与社会主义发展要求相契合的理论成果，是与中华优秀传统文化及外国优秀文明成果相承接的重要论断。由"富强、民主、文明、和谐，自由、平等、公正、法治，爱国、敬业、诚信、友善"24字概括出来的社会主义核心价值观不是抽象的符号，而是有具体的指向和土壤的。社会主义核心价值观既是以爱国主义为核心的民族精神和以改革创新为核心的时代精神的凝练和升华，同时也集合了人类共同价值观，将国内外优秀文明成果都充分吸收进来，是全人类共同价值的升华和体现。因此，一方面，社会主义核心价值观植根于中华民族几千年的优秀传统文化，并依据时代的发展，将当代中国时代精神充分融合进去，实现了文化的创造性转化和创新性发展。另一方面，社会主义核心价值观又充分吸收了国外先进文明成果，将全世界及全人类共同的价值观念融入进来，作为其内涵的重要补充和有益来源。

社会主义核心价值观是民族性和世界性的有机统一。它的民族性表现为社会主义核心价值观源于中华优秀传统文化，积淀着中华民族几千年的精神追求和行为准则，具有鲜明的中国特色。其世界性表明它积极汲取和借鉴了世界优秀文化和价值观念，适应了国际化和全球化发展的需要。社会主义核心价值观是在综合这些优秀成果的基础上，从国家的

价值目标、社会的价值取向和公民个人的价值准则的层面对社会的核心价值进行了高度概括。本着社会主义核心价值观的"三进"原则（进教材、进课堂、进头脑），需在教科书中体现出社会主义核心价值观的内容。因为，"进教材"是"进课堂"和"进头脑"的前提和保障，只有在教科书文本的形式呈现出来，才能确保在课堂的地位，从而通过课堂的主渠道深入头脑之中。但在社会主义核心价值观进教材的同时，需要掌握好"知识逻辑、生活逻辑和教育逻辑"三者在教科书中的关系，掌握知识逻辑，通晓生活逻辑，从而形成教育逻辑；同时还应该打通"符号、意义和生活世界"这三个世界的关系，架设它们之间的桥梁，从而帮助学生以符号世界为手段来揭示意义世界，从而指导和引领生活世界[①]。

社会主义核心价值观进入德育教科书，既是国家政策层面的硬性规定，同时也是时代发展的必然要求。虽然在新课改之前的德育教科书，没有对社会主义核心价值体系进教科书进行规定和要求，德育教科书中也没有安排专门的章节对其进行集中论述，但及时将时代发展的最新成果反映到教科书文本之中已成教科书发展的一种必然和趋势，社会主义核心价值体系中的观念其实都已经分别渗透融合在教科书文本之中。为了能够将这些关于思想道德建设方面的精神贯彻落实到德育课程及教科书中，教育部在不同阶段都相应地发布了一些加强和改进中学德育工作的通知及意见，从1980年开始分别有"教育部关于改进和加强中学政治课的意见（1980）""中共中央关于改革学校思想品德和政治理论课程教学的通知（1985）""中共中央关于改革和加强中小学德育工作的通知（1988）""中共中央关于进一步加强和改进学校德育工作的若干意见（1994）""中共中央、国务院关于适应新形势进一步加强和改进中小学德育工作的若干意见（2001）""教育部关于培育和践行社会主义核心价值观进一步加强中小学德育工作的意见（2014）"。从这些中央文件及与之对应的教育部通知意见中，可以看出德育课程及教科书在体现发展过程中时代精神上的努力。每一个阶段都有对应的时代精神需要在德育教科书中体现，以现阶段初中德育教科书体现社会主义核心价值观的要求为例，在中华人民共和国

---

① 杜时忠，曹树真. 社会主义核心价值观"进教材"的教育学探索 [J]. 教育研究，2015（09）：
34-39.

教育部制定的《义务教育思想品德课程标准（2011 年版）》中，直接体现社会主义核心价值观要求的课程标准就有 33 条，所占比例高达 61%，全部覆盖了社会主义核心价值观的 12 个范畴，在初中德育教科书既有分散、螺旋式地对核心价值的渗透，也有专门章节对核心价值的阐述。

第二节　初中德育教科书的价值追求

一、初中德育教科书价值取向的总结

（一）体现了民族文化和世界文化的统一

各国的文化林林总总，具有世界性；同时文化又是有民族性和区域性的，这是因为"民族性和国度性是文化的重要属性之一"[①]。所以，可以说文化既有国度，又没有国度。以中国为例，说文化有国度，是因为中华民族在几千年文明史的发展过程中，创造性地继承和发展了中国文化，在这个过程中形成了独具中国特色的民族文化的瑰宝；说文化没有国度，是因为几千年来中国优秀文化的精华，既属于中国，又属于世界，在丰富了中华文化体系的同时也充实了世界人类文化的宝库。我国学校教育既要培养学生具有"民族灵魂"和"中国灵魂"，同时又强调"国际视野"和"世界眼光"，也就是说要求学生的德性素养既是民族的，又是世界的，体现出民族精神与世界精神统一[②]。毫无疑问，作为对青少年学生进行思想品德教育为主的德育教科书，既要应该反映人类文明共性和人类共同价值的东西，又要将中华民族特色的文化传递下去，将这些重要的、共同的价值理念体现到教科书中对学生进行影响和教育。其实也就对应的世界文化和民族文化这对关系的问题。我国初中德育教科书从弘扬了中华优秀传统文化、实现了中西方文化融合、全面渗透了核心价值及政治教育意识这三个方面全面体现了世界文化和民族文化的精华，将这些优秀文化以教科书文本的

---

① 张岱年，方克立. 中国文化概论（修订版）[M]. 北京：北京师范大学出版社，2004：6.

② 班华. 德育目标应有的要求：民族精神与世界精神统一 [J]. 教育研究，2013（02）：54-58.

形式传递给学生，达到教育的目的和效果。

（二）反映了教科书价值取向的恒定与嬗变

德育教科书中所选取的文本应该体现其蕴含的价值观念。随着时间的推移，我国德育教科书反映了其价值取向的"变"与"不变"，在保持经典恒久价值稳定性的基础上，朝着关注学生个体生活化方向发展。一方面，虽然历经时间的变迁和发展，但进入德育教科书内容的文本仍然大多数以经典叙述为依托，反映了选文文本的恒久价值，让德育教科书的价值得以重视和体现；另一方面，依据德育课程标准的要求，随着时间的推移，德育课程以学生的生活为基础，关注和重视学生生活世界。尤其是在党的十一届三中全会以后，我国德育逐渐回归本体，打破整体主义走进人的生活世界，强调对主体和生命的尊重和敬畏。新课改以来的初中德育教科书，关注普通人生活的世界，注重学生自身的参与和体验。

（三）存在着一定程度的缺憾与不足

当然，一般意义上的教科书都是美好与弊端并存的。初中德育教科书除了很好地体现了德育课程标准的要求，将民族文化和世界文化有机地融合在一起，实现了其自身价值取向的恒定与发展之外，也存在一些值得探讨的地方，等待进一步发展与完善。这些主要表现为德育教科书中政治教育内容与学生实际生活结合不够、活动实践的可操作性不强，教科书中法治教育的内容略显不足，在体现文化自信方面还需进一步加强，等等。

二、初中德育教科书价值取向的可能走向

（一）坚持传统文化和核心价值的统一

中华传统文化博大精深，经过历史长河的不断发展、充实和完善，已成为中华民族珍贵的精神食粮。无论是铸就中华民族自强不息的精神柱石，增强炎黄子孙团结合作的凝聚力，还是构建适应社会发展的道德体系，提升整体的国民素质，都离不开中华优秀传统文化的支持和保障。因此，继承和弘扬中华优秀传统文化，人人有责。近年来，国家十分重

视传统文化教育，党的十七届六中全会审核通过的《中共中央关于深化文化体制改革 推动社会主义文化大发展大繁荣若干重大问题的决定》及教育部印发的《完善中华优秀传统文化教育指导纲要》等文件都分别对弘扬传统文化做出了规定和要求。因此，作为道德教育的德育教科书就更应该大力继承和弘扬中华优秀传统文化。德育教科书中的价值理念应该与中国传统伦理道德的精华和中华民族优秀传统文化相吻合，将我国优秀传统文化的精华不同程度地体现在教科书文本之中。具体来说，在国家层面上，德育教科书需要注重渗透国家观念，突出建设社会主义国家的基本要求，体现出国家发展的民主、文明、和谐等理念。在社会层面上，可以从法律和道德的角度来分别讲述如何维护社会秩序和社会公德，倡导社会的公平与正义，以便形成自由、平等和法治的社会局面，培养学生的社会责任和关爱意识。在个人层面上，德育教科书需要注重培养学生的家国情怀，强调爱国爱家的责任感，热爱自己的骨肉同胞、热爱祖国的灿烂文化；尤其突出强调个人的道德修养，培养学生勤劳勇敢、诚实守信、勤俭节约、克己奉公、自尊自信、自立自强的精神品质。通过德育教科书中优秀传统文化对学生的浸润与洗礼，让学生既饱读诗书、内心充实，又落脚实践、奉君子言行，从而将学生教育成为"诚于中，形于外"（《大学》）的堂堂正正中国人。因此，德育教科书未来的价值理念应该是在继承几千年来传承下来的中华传统道德精华的基础上，做到与社会主义核心价值观的统一和融合，实现传统文化的创造性转化和创新性发展。

（二）体现国际性和保持民族性的结合

20 世纪下半叶以来，全球化的发展打破了过去世界那种壁垒分明的界限，国与国之间涉及政治、经济和文化价值观方面的交流愈发频繁，也因此引发了国际社会成员对待自身文化和国际核心文化的观念冲突，并逐步形成了国际社会的共同价值观。秉承"古今中外"的思路来考查德育教科书中所蕴含的价值取向，德育教科书除继承和弘扬关于中华优秀传统文化和当代中国时代精神之外，还应该站在历史发展的长河中来审视社会的进步和人类的发展。因为从古至今，各个国家和民族都创造了独具特色的灿烂文化，对世界文明做出了应有的贡献。国家的繁荣与发展，在继承和弘扬本国文化的基础上，也需要开阔视野，走向国际化。《中共中央关于加强社会主义精神文明建设若干重要问题的决议》中强调指出社会主义事业的繁荣发展，应该"继承发扬民族优秀文化和革命文化传统，积极吸收世界文化优秀文明成果"。这足以说明在社会主义现代化建设的进程中，既需要坚持继承中华优秀传统和弘扬当代中国的时代精神相结合，同时还离不开对除中国之外的其他国家优秀文明成果的消化吸收。多借鉴外国优秀文明成果中适合道德教育的内容为德育教科书所用，并将这些内容通过在教科书中设定外国的榜样人物及优秀作品等形式呈现出来，从而教育学生学习外国优秀文明成果。让学生在学习时能够感受到这些外国榜样人物的人格魅力和外国优秀作品的教育意蕴，体现德育教科书的国际化意识。

当今世界，世界文化日益交流融合，初中德育教科书中注重对外国优秀文明的借鉴与吸纳，为培养学生具备多元文化的胸襟和视野提供了便利条件。在学习世界文化并对比分析外国文化优缺点的同时，可以帮助学生在鉴别对比过程中发现我国社会主义政治体制的优越性，从而更加坚定地热爱中华文化和自己的祖国，树立基本的文化自觉、文化自信和文化自强意识。在体现国际性的同时，通过传统文化的弘扬来重建民族自信心。这是因为传统文化始终是中华民族万古长青的根基和灵魂，通过从中国历代思想家遗留下来的思想宝库中充分汲取精神养料，从而保持独特的民族性。努力做到在文化反思中构建自己的民族文化，既不全盘西化，也不全盘复归，而是在反思、对话中保存、维护、改造、创新。因为在面对中外文化交融的现实大趋势下，中国文化若能抓住这样难得的机遇，整合人类一切文化的长处，就可以建立起辉煌的现代中国文化。

（三）注重文化的承接古今与融汇中外

对于如何处理好文化的传统与现代、外国与中国的问题，教科版初中《思想品德》实验教科书及最新的修订版《道德与法治》教科书中都有着很多具体而生动的例子，这些例子都很好地融合了古今中外的价值观念，为如何处理这些关系提供了很好的范例。在此，选取教科版《思想品德》实验教科书中《跨越代沟》单元作为一个例子，来分析德育教科书如何处理古今中外文化之间的关系。《跨越代沟》单元以如何处理好两代人之间的代际关系为主线，教育学生如何孝敬父母，与父母和谐相处；怎样尊敬教师，和教师互敬互助。从古至今，代际之间的交流可以从玛格丽特·米德（Margaret Mead）对文化类型的划分中得到启发。在其著作《文化与承诺》中从文化的传递方式出发，将人类的文化分为"前喻文化、并喻文化和后喻文化"三种类型[①]，为后人研究代际关系提供了良好的理论基础。两代人应该如何处理好关系，依据中国古代及外国的经验，提出了新时期两代人之间代际关系的新思路。在中国古代，两代人之间的关系可以用"情感上亲密、物质上依赖、人格上不平等"来描述。具体说来就是，中国古代社会的父子因为血缘关系和家庭观念的影响，在感情上是非常亲近的；由于在经济等物质条件上还难以完全独立，很多时候还靠着父辈供给，因此对长辈十分的依赖。同时，受纲常思想的影响，长辈拥有绝对的权威和话语权，在彼此之间的人格上也是不平等的，父母的话语就是命令和权威。而在西方国家，两代人的关系却是另外一番景象，可以用"情感上不亲密、物质上不依赖、人格上平等"来概括。受西方理性自由等思想影响，他们更多追求的是自由和独立，没有过多的家庭观念，所以相对来说，在情感上不如中国父母对子女的那种亲密无间；很多孩子在成人之后，父母就不再承担养育的责任，而是鼓励孩子经济生活上独立，因此物质上的依赖性就小了很多。同时，在人格上没有中国古代社会那么多的纲常规定，显得相对平等。在综合这两种不同的代际关系的基础上，倡导现代社会新型的"情感上亲密，经济上独立，人格上平等"代际关系，体现传统与现代、中国与外国的融合，为怎样处理代际关系提供了新视角。

　　对于古今中外文化之间的关系问题，在经历了国粹化和全盘西化之争后，目前基本形成了比较一致的观点："批判传统文化的糟粕，继承传统文化的精华，借鉴西方文化的长处，并在此基础上推陈出新，发展弘扬中国传统文化。"[②]因此，按照这样的观点，未来德育教科书价值

---

①　玛格丽特·米德. 文化与承诺 [M]. 周晓虹，周怡，译. 石家庄：河北人民出版社，1987.

②　赵绪生，王士龙，刘鑫. 传统文化与时代精神 [M]. 西安：陕西师范大学出版社，2015：57.

取向应该突出传统文化和时代精神，并倡导国际化趋势，兼顾中西方文化之间的关系。

面对外国文化的"洋流"，应该有包容接受的态度，并在此基础上不忘记自己富有特色的民族文化。其实，民族文化具备深厚的历史底蕴、地方特色、完整传承过程和在传承中不断发展变异的特性。随着社会发展，民族文化的信仰始终不会被丢弃。西方因素的加入只会使中国文化变得更加多元化，让民族文化在变异中与时俱进，更符合当代人的需要。2014年，习近平总书记在北京大学师生座谈会上的讲话中指出，社会主义核心价值观的形成和确立，把涉及国家、社会、公民个人的价值观念融为一体，不仅继承了中华优秀传统文化，也广泛吸收了世界文明的优秀成果，同时还体现了当代中国的时代精神。从传统与现代的论述中可以发现它们之间的内在逻辑关系。传统是"根"和"源"，而现代则是"树"和"流"，是在传统基础上进一步的深化和发展。为此，需要用"吐故纳新"的客观态度处理和应对。德育教科书在对待文化的传统与现代的问题上，努力实现传统与现代的融合，做到厚古而不薄今。继承传统、批判传统、开放传统、发展传统，将传统文化中的精品充分地消化吸收，为现代文化的发展注入源源不断的资源和动力；避免全盘接受的民族文化保守主义和全盘否定的民族文化虚无主义两种极端倾向，从而正确处理好传统文化和现代文化之间的"血缘"关系，努力实现传统文化的创造性转化和创新性发展。

因此，当前和未来一段时间，我国的德育教科书应该在社会主义核心价值观的指引下，围绕国家、社会和公民个人三个层面的价值要求，将中华优秀传统文化和外国优秀文明成果全面系统地体现出来，突出学生发展核心素养的培育，注重青少年一代的全面协调发展，从而更好地为学校德育工作服务。

第三节　初中"道德与法治"德育生活性教学分析

一、增强初中"道德与法治"德育生活性的设计思路

要提高初中"道德与法治"德育实效性，面对德育课程知与行分裂、教育与生活脱节等挑战，就必须增强"道德与法治"德育生活性的切实体现，即增强德育课程的生活性。本节主要从课程层面、教师层面、教学层面和社会层面分别阐述增强德育课程生活性的建设性对策。

（一）课程层面：从生活出发，强调生活性

德育从生活出发，是指立足于人们的生活经验。通过分析与人们息息相关的生活例子，吸引关注热情，引发进一步思考，将感性的认知上升为理性的判断，进而帮助人们形成正确的认识。初中"道德与法治"课程有一定的历史，也取得了一些实际的成效，但就从课程层面上看，初中"道德与法治"课程德育实效还存在一些问题。要改善当前初中"道德与法治"课程存在的问题，就要从生活出发，把"引进学生生活内容"和"走出教材体现生活"结合起联系，把握德育的生活性特质。

1.引进来——引进学校生活内容

课程层面的"引进来"建设策略是指充分引进学校生活内容，重点建立课程与学校生活之间密切的联系，不仅要建立与其他课程的联系，还要将学校教育活动紧密结合起来。

（1）与其他课程的联系

初中"道德与法治"的课程定位可以理解为受教育者通过对有关价值、道德传统与准则的学习，促进自身道德认知、情感与行为的形成与发展的导向性教育方式或途径。在实际教学中，教师必须把德育课程融合在其他课程中，学校各个课程不应该是隔离的，而是相通的。直接德育课程就可以与其他学科课程相通，从而发挥一定的作用。如在学习《道德与法治》七年级上册第六课《走进老师》，学生通过了解教师的工作，初步学会如

何与教师进行有效的沟通。但是面对教学风格不同的教师时，教师可引导学生分析其他课程的学科特点，通过师生之间对其他课程作出的简要分析，学生能切身体会德育学科学习的魅力所在。通过学习分享，学生能够将其他课程与本学科所学的知识建立联系，把各学科教师的不同风格彰显出来，从而增进与教师之间的感情，打破学生对各学科间相互隔离的理解误区。

（2）与学校教育活动的联系

学校生活是学生生活的主要部分，就德育课程而言，如果"道德与法治"课程是德育的基础课程，那么学校教育活动则是实现德育知行合一的重要途径。杜威指出："不仅社会生活本身的经久不衰需要教导和学习，共同生活过程本身也具有教育作用。"① 也就是说，应该让学生共同生活的学校发挥其教育作用，即肯定了学校在学生在活动、交往，在教育中发挥的重要功能。一般而言，学校的德育活动主要是班会、升旗等常规性的活动，面对这些活动，学生参与的主动性、积极性不高。因此，实现德育活动的创新，与时俱进，必须通过德育课程与学校德育活动的结合。"道德与法治"课程如果能将学校开展的教育活动中突出的、有代表性的问题纳入德育课程的教学中，起到一种反思和教育的作用，其存在是有价值的。如在学习七年级下册第三单元《在集体中成长》，教师应鼓励学生主动参与班级和学校活动，将学生带入集体生活情境教学中，转变学习方式，开展合作学习、探究性学习，树立以学生发展为本的教学理念，鼓励学生积极参与开发课程资源，唤起学生主动探索的热情，并能运用所学知识解决生活中的问题。

2.走出去——走出教材体现生活

德育生活性的特质体现还表现在强调走出教材，摆脱教材对学生思维的限制。一方面，要求教师要结合学生的生活经验，遵循学生的生理、心理及认知发展规律，强调遵循生活的逻辑。另一方面，它又注重教师在重构与实践联系的过程中，强调让学生重归生活的海洋，使学生在生活中成就自己的德行。

（1）走出教材——融合与生活的关系

在实践教学中，初中"道德与法治"课程德育实效并不明显，其中一

---

① 杜威.民主主义与教育[M].王承绪，译.北京：人民教育出版社，1990：7.

个很重要的影响就在于忽视德育生活性，师生难以摆脱对教材的依赖，沿袭传统理论灌输式教学方式。致使教师很难走出教材重新构建教学内容，很难放眼从学生实际生活去开发整合有效的教学资源。"道德与法治"课程本身就不是一门知识课程，而是以学生生活为核心、以培养学生良好品德发展为追求的综合性课程。初中"道德与法治"这一课程强调将德育渗透至生活，是指教师应把学生、教学内容等多种课堂因素与生活进行联系，以鲜活世界为大环境使学生去沟通、感悟，从而对生活本质进行认知，使其思想品德等得到有效强化。德育生活性强调教师在教学中将生活的特性体现出来，走出教材，用最真实、完整的生活来设计教学，吸引学生的学习兴趣，引导运用学生将知识要点指导生活。

（2）走进学生——反映学生生活实际

教学过程中，教师要摆脱单纯依靠书本设置教学环节的模式，在课堂教学中融入新颖的教学形式，创设教学情境，以情境教学法的实施，将书本枯燥的知识转化为形象生动的例子走进学生，初中阶段的学生学习更容易接受与自身生活相关的实例，用实际生活感染带动学生的参与，引导学生将理论知识与生活联系起来，通过生活中真实的情境学习，搭建学生开拓视野、增长知识的平台。

（二）教师层面：从主体出发，关注学生具体需求

初中生正处于身心发展的重要时期，自我意识和独立性逐步增强。在初中阶段帮助学生形成良好品德，树立责任意识和积极的生活态度，对学生的成长具有基础性的作用[①]。"道德与法治"课程设计基础正是基于初中生的身心发展特点，从学生的生活实际出发，直面他们成长中遇到的问题，满足他们主体性需要，帮助他们树立正确的价值标准。

1.尊重学生主体地位

人的道德品质形成有内在的规律，"道德与法治"德育生活性的研究必须遵循这一规律，处理好各方面的关系，有效实施生活德育。

---

① 教育部.教育部关于印发义务教育语文等学科课程标准（2011年版）的通知 [EB/OL]. http：// www.moe.gov.cn/srcsite/A26/s8001/201112/t20111228_167340.html.

（1）从学生实际出发

主体性德育既是教育观也是方法论。主体性德育实践，既是生活德育的要求，也是生活德育实施的办法。实施主体性德育必须做到，一切从实际出发。一切从实际出发是马克思主义认识论的一个重要内容。学生的实际就是指学生的知识、思想和个性心理发育特点。认清学生实际是寻找教学规律和方法的依据。"道德与法治"课程是一门德育课，教学目的主要是为了传道而不是授业，从学生实际出发是必要的，有针对性地进行教育具有很重要的意义。初中生在成长过程中逐渐有了独立思考能力和思维判断力，在实际教学中，使教师的主观教学与学生的客观实际相结合，有助于教与学的矛盾被化解，即一切教学的出发点都必须考虑学生的客观存在，结合学生感兴趣的内容实施教学活动，正确了解学生的思想动态，有的放矢地进行教学，从生活的角度探寻其中直接或者间接的影响，以更好地实现学生品德的发展及人格的完善。

（2）开展活动教学

《道德与法治》具有生活性，与学生生活紧密联系。如《道德与法治》七年级下册《法律保障生活》。在教学过程中，教师通过分小组布置法治生活小调查，由学生小组合作共同从生活中寻找法律，结合自身的生活经验，了解法律对生活的作用。从生活出发，更能调动学生积极参与度，并有针对性地进行教学。教师还可以通过辩论赛或模拟小法庭的方式，以实例教学。这样，学生在模拟活动过程中切实体会生活，认识到生活中法律无处不在，并增强了法治意识，提高了自我保护和依法维权的能力。因此，在"道德与法治"课程实施过程中，教师应以初中生在生活中的真实困惑为突破口，将"讲授道理"转变为"探寻道路"，利用课堂的学习使学生将知识内化为思想武器，培养学生社会主义思想品德。

2.关注学生的具体需要

学生思想品德的形成与发展，是经过自身矛盾运动结果后自我教育的产物。因此，初中"道德与法治"课程教学，应关注学生的具体需求，把学生看作是活动的主人，并分享他们的情感，使学生对规则认可以实现对学生品性的培养。例如，教师在教学过程中将教学内容细化到与学生生活相关，并借助学生喜闻乐见的形式展开教学，调动学生多方面的感官，挖掘他们自身的潜质，满足他们思想需要和自我成长的需求，实现活动主体学生化、活动内容生活化、形式效果多样化，从而满足学生的主体性需要。学生是自己行为的主人，会自主形成对自己行为的负责意识，并会在教学中自觉形成健康的思想及主动提升自身的素质。

（三）教学层面：从实际出发，追求德育生活化

从"生活性"出发的教学过程中，教师应结合德育知行合一的特点，立足德育生活化、学科生活化的各学段德育教学原则，引导学生将道德知识内化为行为准则并运用到实际生活中去。通过道德认识的内化转化成良好行为习惯的养成，推动知行合一的践行。

1.强调知行统一

当代学校德育发展趋势是以一种科学化和专业化的方式，使受教育者形成和发展一套反映特定社会中所认可的道德行为标准的教育。"道德与法治"是培育中学生品德与个性发展的必修课，其着眼点在于学生品德与品行的发展，目的在于生成"有道德的人"。面对现实中德育课程实效不高的困境，教育工作者应从多方位、多角度改善现有的教学方式。而作为新时代的教师，不仅要教授学科知识，也要使其具备学科之外的知识，这些知识都应来源生活，并通过教学回归生活。

党的十八大明确提出"把立德树人作为教育的根本任务"，党的十九大进一步强调"落实立德树人根本任务，发展素质教育"，这些要求必须全面落实到中学的实际教学之中。学校的主阵地是课堂，提高学生素质教育，必须紧紧抓牢课堂教育，教师是课堂运作的最佳指挥，课堂利用得当对学生素质提升能起到很大的推动作用。结合笔者自身实践教学经验，笔者认为课堂上要多让学生合作学习、主动探究、热烈讨论、大胆展示等，这能更好地提升学生的思维能力和解决问题能力，促进综合素质的发展。笔者认为只有课堂抓好了，再适当开展一些课外活动，注意理论与实践的统一，让学到的知识回归于学生生活实际，相互配合，全面推进，达成教与学过程中的知识内化。

2.注重德性发展

德育课程对学生而言更看重在学习过程中自身品行的升华，以卷面

成绩考量学生德育发展会引起学生注重分数结果的高低，而削弱德育课程的实际成效。而且实际教学过程中，学生对德育课程存在的"唯分数论"认知使学生在学习"道德与法治"课过程中产生不想学、不会学、学不好等消极学习态度。这种消极态度在初中"道德与法治"课上表现十分明显，如靠老师划重点、向老师要答案等。学生在课堂上表现不积极，不愿参与课堂讨论，更有部分学生认为只要期末背提纲就可完成本课程学习任务，课上学不学抱着无所谓的学习心态或者干脆做其他主课作业等，这种惰性的学习心理与基于生活基础上德育活动背道而驰。因而要将德育课程依附于现实的学习、活动和生活中，继而落实到学生个体，即实现其生活性。教学评价注重形成性评价与终结性评价的结合，打破学生一味追求结果的消极惯性行为发生。

（四）社会层面：社会即学校，推进生活德育化

学校教育、家庭教育与社会教育三者互相独立又相辅相成，如果不能协调好它们之间的关系，将会影响未成年人的教育实效。在现实生活中，未成年人教育往往很难发挥出"1+1+1 ≥ 3"的效果，反而出现了教育成效相互抵消，乃至为零为负的现象。学校教育要力争社会化、生活化，必须与家庭教育、社会教育紧密联系，实现"三位一体"式的教育合力功能，为学生的成长营造良好的学习环境。

1. 依托社会教育

社会是一个真正的"大学校"，为了防止让学生在学校是一个人，在社会上是另一个人，就需要打通学校与社会之间的隔阂，让学校成为具体而微的社会，将社会上的事情挑选主要的，一件一件做起来，将做一个合格的中国公民所应知的事情，都让学生知晓。[①] 学生在学校和家庭所学的是基础知识，但不是全部知识。要实现学生成为一个真正的"人"，就必须引导学生走出课堂，走向社会，在社会这个"大学校"中接触新的东西，这样学生能不断和成长。

社会是一个"大学校"，是说学生在课堂里面学到的知识仅仅是一方面，是基础知识，走向社会，在社会的大课堂里面，学习社会中不同

---

① 陶行知. 陶行知全集（第一卷）[M]. 长沙：湖南教育出版社，1984：126.

人群的相处之道，学习他们身上有益的、进步的方面，给自己的能力和完善世界观提供帮助。社会教育是实现"道德与法治"这一学科生活化的实践平台，在讲授七年级下册《道德与法治》第三单元第六课《集体生活邀请我》时，教师可依托社会生活让学生感受集体生活的特殊意义。如参观消防战士的集体生活、感受专业合唱团的整体合唱等，通过社会教育营造有利于个体健康成长的社会氛围，构建社会实践平台，组织开展集体活动，感受"团结的集体"带来的力量，同时也配合学校和家庭教育，并为之提供良好的服务。

2.重视家庭教育

人类所接受的全部教育包括家庭教育、学校教育与社会教育。然而，学校并不是学生始终生活的场所，他们要回到生活中，接受社会和家庭的教育。由于家庭教育与受教育之间关系的亲密性，这就决定了它在影响青少年成长和发展中所占比重很大。因此，家庭教育、学校教育和社会教育三者之间是一种作用互补的教育合力。如在七年级上册《道德与法治》第七课《亲情之爱》，其中分别设置家的意、爱在家人间、让家更美好三个框题的教材内容，让学生体味亲情、感受家的温暖，从而感受家庭在个人成长中的重要地位。在教学过程中，任课教师回归学生实际家庭生活开展教育会达到事半功倍的效果。所以，作为德育课程的教师和家庭教育的执行者家长，彼此之间更要互相配合，如有效地运用学校开放周、家长会、家访、校讯通等手段，加强二者之间的有效沟通，家校合作，做到信息共享和同步，发挥"1+1 ≥ 2"的效果，这对处于青春期的学生健康成长具有重要的引导作用。

二、初中"道德与法治"德育生活性的教学分析

（一）观摩学习：走进德育生活性课堂，注重实际体验

1.教师的专业素养高。要上一堂好的品德课，不仅要求教师基本功扎实，更需要教师灵活驾驭课堂的能力。《道德与法治》八年级上册第一单元《走进社会生活》教学内容更是强调与生活的紧密联系。通过实际观摩学习，笔者认识到本堂课教学的出彩之处不仅在于课件制作选取的内容贴近当地

生活，而且教学资源都是反映当下社会热点主题，反映当下实际生活，富有生活性。例如，在导入新课环节，教师通过 2018 数字福州峰会几张图片展示，反映出当下社会进步的新风貌，更体现出学生当下生活市区经济发展的进步，并引导学生通过图片设计的开放性问题开展小组合作探讨，调动学生积极参与其中，为学生的个性发展提供更广阔的空间。因此，课前导入内容与学生生活息息相关，更能吸引学生学习的目光，为一堂好课做好铺垫。

2.学生是课堂的主角。教师注重学生搜集资料和课程资源的开发，为学生提供展示的舞台。教师一方面通过设置生活情境教学吸引学生学习的兴趣，另一方面给学生提供一个自我展示的机会，让学生畅所欲言，有感而发，在课堂上表达自己真实的情感，使他们在学习中提高能够潜移默化地把知识内化为自我正确的认识，在生活中提高自我判断能力。授课教师在教学中引导学生回归生活进行观察与思考，并通过课堂还原生活情境进行讨论并总结，整个教学过程有条不紊，很好地带动整节课的学习氛围。不管是"走进社会生活"中学生分组演绎生活变化的方式，还是"遵守社会规则"中学生反思自己生活中行为的散漫；"维护国家利益"中学生分组汇报国家大事等都体现了"道德与法治"的德育生活性，这些教育理念都贴近中学教育要回归生活的思想，让生活不仅进教材、进课堂，更要进入学生的头脑中。

3.师生互动，走进生活。初中"道德与法治"课程教学目的是促进初中生思想品德健康发展。因此，在教学过程中，教师要更注重于学生间的互动交流。品德课不单是教师对学生的知识传授，更是师生间信息交流、生生间相互沟通的过程。在大家各抒己见、相互启发、共同成长的过程中，达成正确的价值认同。例如，《道德与法治》七年级上册第三单元《师长之间》的教学过程，授课教师注重与学生交流与沟通，通过回顾各课任教师的课堂教学特点引导学生感受不同风格教师的教学，从课堂中真正体会深深的师生情谊。同时，通过授课教师不同的教学手段调动了学生的积极性，如设置悬念、讲师生之间的感动瞬间、师生谈话、教学游戏、角色扮演、情境资料等，善于运用贴近学生生活实际的例子进行教学，参与到品德课的学习中，正是品德课生活的写实，真实情感的流露，从而引发学生对教师情谊的表露。

4.利用教材体现生活。教师在教学过程中把教材内容看作是与学生实际生活相关的范例，把教材所传递的知识与生活紧密联系，与学生生活内容互动，是值得学习与借鉴的。教师在教授每一章节知识点过程中，要从学生实际出发多方位地进行教育资源的开发，使品德课学习具有现实感，更贴近学生生活。同时，可结合学校特点、当地本土可利用资源及学生已有的学习经验等，对教材进行有选择性的整合利用，以实现德育课程的教学实效最大化。

（二）实践教学：体现德育生活性教学，反思教学实效

初中"道德与法治"课程独特的"综合性"，既有区别于其他学科的德育功能，又具备着"育人"的学科教学特点。笔者根据自身听课体会、讲课经验，结合学科独特特点、学生的发展规律、德育功能三个层面进行思考，选取初中七年级上册《道德与法治》部分教学内容进行更进一步的分析与总结。

1.准确把握学科特点

从把握学科特点看，"道德与法治"是一门综合课程，其教材体现了综合性、过程性、实践性特点。七年级上册《道德与法治》教材内容主要包含初中学生生活的逻辑、青少年自身发展的需求、青少年生命成长阶段的任务、教育的引领和指导四个教学目标。在教材中具体探讨同伴关系、师生关系、亲子关系、我和其他生命关系，都体现出与学生生活息息相关的学科特点。

一方面，课程将伦理道德、心理学、法学、政治与国情等进行知识整合，形成综合课程。例如，在"家的意味"一课中，从"家规""家训"，以及家庭文化中的"孝"等方面，特别探讨了"中国人的'家'"，体味中华文化深厚的韵味和丰富的内涵，同时渗透有关孝亲敬长的法律规定，不仅是道德与法律的体现，更是德育与生活的有机融合。

另一方面，"拓展空间"的落实。在教学过程中，笔者会特别注重对每一课中"拓展空间"部分的学习引导，初中《道德与法治》教材每一课时都会设置与学生实际生活联系的"拓展空间"部分。主要强调合作学习、

探究性学习，从"拓展空间"的问题导向联系生活的设置，目的就是调动学生积极参与，并通过生活实践将知识内化为自我的认知。学生运用所学知识解决实际问题，是对"拓展空间"问题的正确落实。师生之间的活动顺利开展，不仅有利于师生之间、生生之间的沟通，也有利于学生对文本知识的确切感知；从生活中的实例进行问题的切入，学生可以根据自身的生活经验，提出解决问题的想法，从而呈现出教材的开放性、生活性，使教学能够从课堂延伸到学生所熟悉的生活领域。

2.遵循学生身心发展规律

伴随着青春期的身心发展规律，学生的情感认知体验不断丰富，从观念知识、情感体验到践行反思都形成一个循环、反复的过程。为此，笔者根据学生所关注的问题和社会生活热点结合教材内容搭建有效教学的"脚手架"，并通过活动教学展开讨论与分享，在教学实践中达成共识。

初中生到了青春期以后，随着青少年自我意识的突显，他们要求摆脱依赖、走向独立的愿望和行动力增强，有时会和师长产生冲突。在"师生交往"一课的教学中，从"引领和指导""表扬和批判"，以及师生交往的"矛盾与冲突"等方面，特别探讨了冲突背后的"爱"，侧重师生之间的对话和交流，并结合不同学科教师的风格和学生成长需要，设计一则"我与老师之间的故事"主题演讲，此次活动的开展不回避青少年成长可能带来的各种冲突与矛盾，回归学生课堂生活中，直面学生关心的师生冲突问题，在尊重学生的独立愿望、成长需要的基础上，引导他们走近师长，看到冲突背后"爱"的流动。

3.重视德育功能

初中"道德与法治"是一门集思想品德教育、社会认识、生活教育的综合性课程，相比其他学科具有更强的德育功能。从德育功能看，如果说立德树人是学校教育的根本任务，那么阐明课程立德树人的特有使命，关键在于对德育课程本质的把握。根据近几年对人教版《道德与法治》教材内容的不断修订，就德育课程立什么德来看，始终是"大德育"之德。同时，必须要明确课程不是一个框，不能什么都往里面装。重要的是，必须明确课程作为思想品德教育"主渠道"的立德功能，即立"社会主义核心价值观"之德。

从"树什么人"来看，学生良好品德的养成不仅受个体内部环境的影响，而且也受外部环境的影响，但个体品德形成与发展的关键是个体内部心理系统。这就好比辩证唯物主义的一个著名原理：外因通过内因而起作用，即个体外显行为的表现通过内部心理系统的建构而起作用。因此，实现德育功能成效的关键因素之一是：是否尊重学生的主体地位。因此，"道德与法治"课程德育功能的实现不仅要依托于社会发展的要求，同样要依托人们积极充实生活的需求，实现教学与生活、知识、价值的融合与整合，最终培养"有道德生活的人"。

第五章 初中课程教学的德育渗透

《中学德育大纲》明确指出，中学德育工作的基本任务是把全体学生培养成为热爱社会主义祖国的具有社会公德、文明行为习惯的遵纪守法的公民。在这个基础上，引导他们逐步树立科学的人生观、世界观，并不断提高社会主义思想觉悟，使他们中的优秀分子将来能够成长为共产主义者。同时，在分析德育的实施途径时指出，对学生进行德育的途径除思想政治课教学和时事课之外，其他各学科教学也是德育的重要实施途径。由此可见，在初中教学中，应该重视学科育人的作用。课堂教学是德育的主渠道，要发挥好课程育人的重要作用，寓德育于各学科教学中，努力形成全员育人，全程育人，全方位育人。

第一节 语文、英语教学的德育渗透

一、语文教学的德育渗透

语文天然就具有德育教化的功能，道德教育在中学语文教学中一直都有非常重要的地位和作用。现行的初中阶段部编本语文教材，其编排的核心理念就是"立德树人"。教育部所聘中小学语文教科书总主编温儒敏教授在《"部编本"语文教材的编写理念、特色与使用建议》中点明："部编本"语文教材编写的立意要高，其高就在于体现了社会主义核心价值观和立德树人的指导思想；并认为语文教材应该"处处考虑尽可能服务于立德树人的目标"①。语文德育相对于思政课的直接理论式灌输落实，更侧重于在教学中潜移默化地提升学生道德素质。

中学语文教材中选编有大量体现中华优秀传统文化和革命传统教育的"文质兼美"的作品，蕴含了丰富的德育元素。将这些作品中的德育元素有机融入语文教学的各个环节，能让学生更乐于接受，从而起到润物细无声的效果。

（一）初中语文教学的德育渗透内容

语文学科的基本特点是人文性和工具性的统一。语言作品是运用语言工具载道、表情、达意的结果，语言作品之所以有意义，是因为其内部蕴含着特定的思想内容。根据语文学科的这一特点，学生在阅读文学文本、掌握语言工具、学习阅读技能之时，所学习和感受到的就不只是文本的外在语言形式，还包含感情与思想的内部要素，即德育元素。所以，在对学生进行语文教育的同时必定包含对学生的德育教育。

中华人民共和国教育部制定的《义务教育语文课程标准（2011 年版）》指出，培养学生正确的思想观念、高尚的道德情操和积极的人生态度，是与帮助他们掌握学习方法、提高语文能力的过程融为一体的，不应该当作外在的附加任务。应该根据语文学科的特点，注重熏陶感染，潜移默化，把这些内容渗透于日常的教学过程之中。并明确规定，语文学科需要对学生进行三个方面的德育培养：一是培育学生的爱国情感和民族情怀，引导学生自觉树立优良的社会主义道德品质，促使学生一步步形成乐观积极的人生态度和正确的三观；二是教育学生热爱祖国的语言文字，认识中华文明的源远流长和中华文化的博大精深，继承和发扬民族的文化智慧；指导学生立足现实、关注当今文化生活，尊重文化多样性，汲取人类优秀文化的养分，不断提升自己的审美情趣和文化品位；三是引导学生关心自然、关注人类，拥有崇尚理性、追求真知的科学态度，具备良好的科学素养，帮助学生初步掌握科学的思想方法。初中语文德育就是要以初中语文课文为载体，体会文本的"情"和"意"，感受语言所蕴含的思想和情感，在语言文字的文化熏陶中形成正确的道德价值观，不断提升道德水平。

---

① 温儒敏."部编本"语文教材的编写理念、特色与使用建议[J].课程·教材·教法，2016（11）：4.

（二）初中语文教学德育渗透应遵循的原则

1.文学美育与德育有机融合

"部编本"课文的选篇强调4个标准：一是经典性，二是文质兼美，三是适宜教学，四是适当兼顾时代性。[①] 遵循这四条标准，部编本初中语文教材中所选编的中国古代小说作品都是非常经典的、文质兼美的文学精品，具有非常高的艺术价值和审美价值。例如，就语言特色而言，《世说新语》二则的语言短小精致、涵泳无穷；《刘姥姥进大观园》的语言则诙谐幽默、妙趣横生。虽风格各异，但其共同特点就是通过生动的语言描写，刻画了栩栩如生的人物形象，展现了精彩的故事情节，在阅读欣赏过程中给人以美的享受。

因此，在中国古代小说教学中，要充分发挥语文教学的核心特点，在掌握文学技巧和提升阅读能力的基础上，抓住写作特色，充分挖掘小说的艺术审美价值。与此同时，将文学美育与德育有机结合，把道德价值观润物细无声地融入教学环节当中，避免摆大道理、枯燥说教的方式，避免把语文课上成政治课。在教学中，如果为了德育而忽略语文的核心特色，弱化语文听说读写的基本技能的学习和文学艺术的欣赏，而一味强调小说的教育意义、现实意义的做法是不妥当的；同样，只是传授小说的基本知识和艺术特色，而不注重作品思想内涵的分析，或者直白地、应付式地给出主旨，把感受作品的思想情感、道德价值观，当成考试练习题的方式直接灌输给学生的做法同样是不可取的。总之，在引导学生掌握文学知识和提升阅读能力，充分发挥中国古代小说审美价值的同时，应不断引导、启发学生自己深入思考，把德育"潜移暗化""耳濡目染"地融入教学之中。

2.传统道德与社会主义核心价值观有效对接

虽然中国古代小说反映的是古代的生活，描写和叙述的是虚拟的人物和故事，与当今的生活现实有一定的距离，但并没有因此就失去现实意义。古典作家所暴露、讽刺和批判的那个封建社会虽然已经消灭，但是其反抗黑暗和不公的斗争意识，追求光明、正义、善良的美好愿望仍能影响后来的志士仁人。凡是能激起和引导读者正确的爱憎好恶之感、黑白是非之分

---

① 温儒敏.'部编本'语文教材的编写理念、特色与使用建议[J].课程·教材·教法,2016(11): 6.

的作品都是有教育意义的，无论是反映农民起义的《水浒传》，还是以封建社会统治阶级内部政治斗争为题材的《三国演义》，描写贵族家庭的《红楼梦》，抑或是描写神魔鬼怪的《西游记》《聊斋志异》，都能使一代又一代的读者热爱并引起情感的共鸣，就因为它们是用虚构的形式表现了现实的内容。小说里众多动人的故事都是与读者在现实生活中的爱憎好恶联系着的；小说里的众多角色，如孙悟空、武松、林冲、关羽、诸葛亮、贾宝玉、林黛玉、聂小倩等，在他们的身上也都不同程度地反映了人民的品德和智慧。

因此，在中国古代小说的教学中，应将古代小说中的传统道德与社会主义核心价值观进行有效对接，以史为镜，借古鉴今，激发学生道德价值观的共鸣。例如，在阅读《刘姥姥进大观园》时，欣赏刘姥姥的淳朴善良和幽默智慧，因为这是与社会主义核心价值观所倡导的公民道德规范相一致的美好品质；进一步思考，要看到大观园的奢侈浪费是导致其衰败的重要原因，这就说明当今倡导的勤俭节约、杜绝浪费、"光盘行动"等是有必要的。在学习《智取生辰纲》时，一方面要继承和发扬晁盖等梁山英雄锄强扶弱、团结合作的优良品质，另一方面，也要反思梁山好汉占山为王、打家劫舍、随意杀人的行为是与新时代社会法治不相容的。在对比古今两个时代的不同社会属性后，更加明白"自由、平等、公正、法治"的社会主义制度的优越性，明白生活在"富强、民主、文明、和谐"的中国是多么幸福。

中国古代小说中所体现的道德价值观，其所阐发的中华美德思想和典范，能够唤醒人们心中的良知，激发人们敢于拼搏、积极进取的内在动力，由此而成为社会主义现代化建设的重要精神元素；其所倡导的诚信、善良、正义等优秀品格，是推进社会主义荣辱观建设和社会主义现代化发展的重要因素；而其中涉及的一些道德价值和伦理思想，如孝道、舍生取义等与社会主义现代化相一致的合理内容，是构建社会主义核心价值观的重要参考，应该批判性继承；但其中一些封建思想，如愚忠、重男轻女、暴力等应该坚决舍弃。必须坚守中华民族的文化根脉，弘扬优秀传统文化，坚定不移走中国特色社会主义文化道路。

二、英语教学的德育渗透

（一）挖掘教材中的德育因素，找到思想教育和知识能力培养的结合点

走进英语教材，仿佛进入了一个五彩斑斓的世界，宛如一幅幅美丽的画卷，讲述着一个个动人的故事。因此，在英语教学中应力求创造传情的气氛陶冶学生，用作品所展示的鲜明、真实、感人的形象，打开他们心灵的大门，达到思想性和艺术性的高度统一。在英语教学中进行德育渗透不能单纯为了渗透而进行空洞的说教，必须严格遵循英语教学规律，深入挖掘，充分利用教材本身潜在的德育因素，让潜移默化、循序渐进的渗透方式贯穿于教学过程的始终。现行英语教材蕴含丰富的思想教育内容，具有融知识性和思想性的特点，教师以教材为载体，深入挖掘和充分利用教材中的德育资源，不失时机地在教学中进行德育教育，长此以往，必将收到"润物细无声"的效果。教师在讲解到英国、美国、加拿大、澳大利亚等英语国家的材料时，应该因势利导，可以在黑板上贴一张中国地图简图，要求学生用英语标出我国的主要城市、河流、山脉和沙漠的名称，并进行简要描述，这样可以培养学生强烈的爱国主义情感和民族自豪感。

（二）言传身教，为人师表，做好思想教育

在教学中，英语教师要做到"言传身教"。"言传"使学生心中有准则；"身教"使学生有榜样。教师是学生的学习榜样，英语教师必须不断提高业务水平和政治觉悟，使自己有较高的业务素质和思想水平，同时在教学时要注意自己的言行举止，为学生树立榜样。平时要尊重学生，爱护学生，关心学生，建立良好的师生关系。"亲其师，信其道"是有深刻道理的。一个受学生爱戴的教师，他的教学要求也会更好地被学生接受，其行为也能被学生模仿。

（三）认真把德育渗透到教学的各个环节中去

英语教师应认真把德育渗透到教学的各个环节中去。备课时要弄清教材的内容，挖掘教材的德育材料，授课时应力求融知识传授、能力培养、

智力开发、思想教育于一体。

（四）要和风细雨，渗透心灵

苏霍姆林斯基说过，我们教育对象的心灵绝不是一块不毛之地，而是一片生长着美好思想道德萌芽的肥沃田地。德育是触及心灵的教育，让学生从心灵深处受到震撼，教育也能收到好的效果。因此，思想品德教育过程是一个推心置腹、以心换心的过程。在整个过程中应教诲，不能强迫；应熏陶，不能"爆炒"。为此，教师要尊重学生，信任学生，赢得学生，建立一个良好的师生关系。这样，英语课的思想品德渗透教育会春风化雨，点点滴滴渗透到学生的心田中，达到"随风潜入夜，润物细无声"的效果。牵强附会，硬性注入的德育是很难收到好的效果的。

第二节　数学教学的德育渗透

数学是众多学科中的基础学科，随着教育学家对数学教育的研究，逐渐发现数学具有的德育价值和育人功能是无可替代的。开展数学德育教育不仅可以加强学生的爱国主义情怀，提升道德修养，还能培养学生唯物主义的科学精神，对学生人格健全和审美水平有着很大的提高。

在数学能力培养过程中，应该同时培养德育，二者相互联系、共同发展。著名教育学家约翰·弗里德里希·赫尔巴特（Johann Friedrich Herbart）认为，教育一定是由教学来完成，反过来说，教学的目的一定是为了教育，他还表明：教学的进行一定要伴随着道德的培养，不然就丧失了它的目的；道德教育应该以教学为手段，否则道德教育就不会很好的进行。① 初中数学通常以教学为工作重点，另外对学生的道德和心智进行培养，同时还要培养学生在体、美、劳方面的综合素质的教育。学校作为学生文化培育和思想建设的地方，应该以育人为目标开展一系列的教学活动，完成学校的教学目的。

---

① 转引自周继道．教学法 [M]．北京：新时代出版社，2008.

一、在课堂教学中实施数学德育渗透

（一）充分利用教材

内容别出心裁，印刷上十分精致鲜艳、体现了改革与创新的精神，洋溢现代气息，令人焕然一新是初中数学教材（新人教版）所表现出来的特点。首先，新人教版初中数学教材中，对于原先的难、繁的陈旧内容进行了删减。大大降低了在"数与代数"章节的数与式在计算及变形方面的难度。其次，新人教版初中数学教材中，新增了许多与实际生活联系紧密的内容。比如，"数与代数"部分对方程和函数的运用都有所加强，方程强调建模，函数引入了分段函数并对自变量的取值范围作了要求。再次，新人教版初中数学教材中，注重学生通过"思考""探究""归纳"等数学活动自主学习知识。最后，新人教版初中数学教材打破了学科界限，注重数学与其他学科的联系，提高了对学生综合素质的要求。但是在运算能力方面有所削弱，演绎推理能力方面降低了要求。要学好初中数学，分析和理解教材是要点和关键。以此为前提，对于积极高效地推进数学德育教学有着显著的效果。只有一开始就做好了，在后面的工作中才会更加顺利，数学德育教学的首要步骤是，在充分挖掘、利用教材德育内容的基础上，把数学课堂教学与品德教育融合在一起，将教学的三维目标真正结合在一起。

初中数学德育渗透教学案例（一）

1. 授课年级：八年级

2. 授课内容：人教版教材八（下）20.1 加权平均数

3. 课堂实录

师：同学们，刚才我们回顾了算术平均数及其计算方法，下面我们一起来研究一个事关同学们的重大问题。

生1（迫不及待地）：老师是什么问题啊？

师：我们即将进入初三，我们学校针对初三学生设置一批优秀学生奖，你们知道吗？

生2：老师，我知道一些，…….

师：哦，难怪小明同学这么发奋，原来他早就有十分明确的学习目标。

师：但是你们知道优秀学生奖怎么计算的吗？

生3：看考试成绩吧！

师：是的，并且是这样计算的学生成绩的：4册期末总分乘以10%+5册中期总分乘以20%+5册期末总分乘以30%+最后选拔考试部分乘以40%＝综合得分，再用综合得分排名，前50名就获得优秀学生奖。请同学们思考一下从这种算方法中你发现了什么？（全班同学冷静思考2分钟）

师：你们有什么发现？

生4：我发现不是用某一次考试成绩来算的，而用了四次考试成绩来算的综合分。

师：这样算道理何在？

生5：这样计算的好处在于，不因为某一次考试失利而使整个成绩受到太大影响。

生6：这种计算方法不但要求我们在毕业的时候成绩好，而且要求我们平时也要学习好。

生7：我发现对四次考试成绩所乘的百分数不一样。并且越到后面百分数越大。

师：这是为什么呀？

生8：说明过去的成绩我们要肯定，但它已成历史，没有当前的成绩重要吧！

生9（急不可耐的）：老师，我知道了这个百分数也是加权平均数中的"权"，昨天我在自学时明白"权"可以是一组数据中一个数据出现的次数，就不明白为什么还有分数和比是怎么回事。

师：总结一下什么是加权平均数中的权呢？

生10：是一组数据中各个数据的重要程度。

师：很好，请同学们记住这个概念。并且老师告诉你们，有权参加计算的平均数就是加权平均数，比如前面的综合得分。

师：具体的，前面例子中的10%，20%，30%。40%说明什么？

生11：说明最后一次选拔考试最重要，4册期末考试的成绩不太重要。

师：好呀！，那我们这学期期末考试就不用认真努力了，我们好好思考一下吧！

生众（热烈的）：不对，不对。

师：谁来讲一下为什么不对呀！

生12：本册期末考试成绩还是很重要的。

师：从这种计算方法就说明了这个问题嘛。

生13：4册期末考试要算10%的分恰恰说明本册期末考试很重要，我们应该努力考好，但是它相对于进入初三后的考试成绩，初三的成绩会更加重要，这告诫我们到初三要更加努力。

4.教学思考

（1）教学目标明确，选材得当。从知识的角度让学生准确理解"权"，从情感的角度让学生从对"权"的计算中，认识到每时每刻的学习都十分重要，唤醒同学立即努力学习的意识。从价值观的角度，激励学生获得优秀学生奖作为当前追求的目标。摈弃了教材中的例子，选取了与学生息息相关的素材，进行研究，让全体同学感同身受，体验到了所学的内容就是与自己紧密相关的事情，激发了学生的学习热情，让全体学生都能集中精力进行思考，从现实的例子中不但真正理解了"权"的意义，而且体验到的"权"的大小对结果的影响。取得了很好的教学效果。

（2）教学策略合理。要达到好的教学效果，选择教学策略是关键，在本堂课的教学中不是教师一味讲述，而更多是通过学生的介绍、学生的讨论，让学生在讨论中思考，在思考中讨论，促进了学生知识的内化，使学生在潜移默化中对知识触类旁通，学生合作交流，自主探究的教学方式，使课堂氛围民主平等，给了学生人人参与的机会，又通过教师的点拨，让学生通过自主探索及交流合作真正学会相关的数学知识和技能。

（3）很好地渗透了德育教育思想。让别人的大脑接受自己的思想是很难的事。作为教师要让学生按照老师的意愿行事，其实并不容易，比如一天都讲同学们要怎样怎样努力学习，学生往往置若罔闻，在本课通过对奖学金的讨论，让学生真切意识到每期的学习都很重要，能够从内心调动学生的学习热情，比简单说教效果要好得多。以优秀学生奖为载体，让学生进行讨论，计算，使得大部分优生蠢蠢欲动，让学生在潜意识中将优秀学生奖作为自己当前的奋斗目标，并为之努力。

上述案例是以初中的德育知识进行探索的，除了这个案例，其实还有很多相关的数学德育教学内容供参考。因此，可以发现在初中的数学教材中，每一个章节或者知识点都可以进行德育知识的讲解，这就对教师提出了更高的要求，让教师在教学中可以认真挖掘和探索德育和数学教学的结合点，真正对数学德育教学的发展做好充分准备。

（二）通过教师的引领示范

"学高为师，身正为范"这自古以来就是教师职业的基本原则。教师要在日常生活中通过自身的一些行为对学生起到引领跟示范的效果，对学生能够起到好的影响，这就是德育的过程。为人师表也是如此，教师无论是在教育还是生活中都应该成为学生及社会人的榜样。教师在很多方面都能够给学生造成影响，如板书的书写设计和仪表常态在语言方面的表达等都会使让学生产生巨大的影响。

教师不仅应具有扎实的教育基本功及稳固的专业知识，还要在综合素质方面提升自己，就拿讲解二次函数与圆的知识的时候来说，可以熟练地运用计算机作图，在课堂上进行动态演示，这样学生们也能更好地理解。

另外，教师还需要在课堂上对学生起到引领作用，给学生能够留下好的印象，同时能够让学生们养成学习上的好习惯。在上课的过程中，全程要讲普通话，在讲概念的时候要简明扼要，让学生们能够理解；需要作图的时候，不能随意而为之，要用尺规作图，做到严谨规范；板书方面也需要注重，为学生们留下好的印象，做好榜样；讲解过程中要有理有据，可以利用一些比较独特的教学方式，让学生们能够投入学习中，激发他们的学习兴趣，在学习生活中要养成好的习惯，遇到困难不后退，形成良好的心理素质，养成勇于克服困难的习惯。

除以上两个品质以外，教师还需要具备奉献精神，对每个学生都应该平等对待，要多帮助他们。在教学过程中，要多为学生们的将来做打算，多与学生沟通未来的发展，在无形之中，学生们也会受到教师的影响，形成良好的品质。无论是对于优秀学生，还是成绩比较差的学生，都应该平等对待，多点耐心，让他们能够有自信面对所有的困难；另外对于生活中比较困难的学生，要帮助他们解决生活中的难题，不要产生自卑心理；对于学生们平时的表现，要多鼓励，激发他们的潜力。

伟大的科学家爱因斯坦曾说过，智慧和博学没有钢铁般的意志和优秀的性格重要，智力上的成就在很大程度上依赖于人格的伟大，真正的德育需要由教师的引领示范下才能完成。由此可见，德育目的在教师的榜样这方面还是有很多的要求的，榜样力量能够发挥很大的作用。

（三）小组合作交流

合作学习是一种新的教学模式在新课标背景下的应用，同时是比较实用的一种教学理念。这是因为随着新课标的改革及发展，在课堂上，学生们的主体地位更加明显，而教师在课堂上也起着非常明显的主导作用。所谓的合作学习，就是先成立异质小组，学生根据教师的安排到小组中，在小组中可以互相交流、互相帮助，共同进步。在异质小组中，学生之间、师生之间可以相互交流，一方面促进学习成绩的提高，另一方面还可以促进教学的提升。这种新型的学习方式的平价标准是小组的成绩。

合作学习，在数学教学课堂上已经非常普遍，这是笔者自己的亲身经历。这是由于班里四十多名学生基础各不相同。通过小组学习，可以培养学生们互帮互助的团队精神，并且可以让学生们在课堂上对于教学内容能够有好的理解。因此，小组学习这种教学模式需要沿用下去。根据孩子们的学习成绩进行分组，四十多名同学分为四个小组，并由小组内部选出适合的小组长，每个小组都必须明确每个人的分工，要对自己的小组负责。

初中数学德育渗透教学案例（二）

1. 授课年级：七年级

2. 授课内容：人教版教材七（下）第八章《二元一次方程组》

3. 背景

评价在小组合作中也体现着非常重要的作用，因此在小组合作中，不仅仅是要注重合作学习，还要在整个过程中发挥评价的作用。评价就是为了在合作的过程中能够加深对学生的了解，对于教师在教学方面的改进及学生的学习都有所帮助。对于评价，需要采用恰当合理的、多样化的评价，不仅要注重学生的学习，还要注重学生的自尊心，更要注意培养他们的自信。

课堂评价不仅起到激励学生的作用，还在反馈及调整等方面也发挥着很大的作用；评价主体也发生了变化，由单一向多元化转变。传统的教学模式中，教师一般是占有主动地位的，学生一般都是没有机会自己调动学习主动权的。正是因为这样，最终的评价结果总是不尽如人意的。教学课堂上学生与教师之间的互相评价能够让课堂更加有活力，也能够让学生及老师在整个过程中正确对待发生的问题，能够学会认真听取他人的意见。

4. 案例片段（关于"二次元方程"的一道例题）

例：四川雅安需要大量的帐篷进行支援地震灾区，在某服装厂中分别有 4 条成衣生产线，5 条童装生产线。生产 1000 顶帐篷，工厂计划用 3 天来完成。生产 105 顶帐篷需要成衣生产线 1 条和童装生产线 2 条，生产 178 顶帐篷需要成衣生产线 2 条和童装生产线 3 条。

（1）平均每天童装生产线和成衣生产线可以生产多少顶帐篷？

（2）如果你是厂长，当公司满负荷全面生产的时候，你有什么好的方案进行安排？

同学们在小组内进行讨论过后，得出了以下几种不同的方案。

A 组

解：设成衣生产线每天能够生产 x 顶帐篷，童装生产线每天可以生产 y 顶帐篷，由题意可得下式。

$$\begin{cases} x + 2y = 105 \\ 2x + 3y = 178 \end{cases}$$

解得：$\begin{cases} x = 41 \\ y = 32 \end{cases}$

答：每天每条成衣生产线可以生产 42 顶帐篷，童装生产线可以生产 32 顶帐篷。

B 组

解：因为 178−105=73（顶）　105−73=32（顶）　73−32=41（顶）

由此可得，每天每条成衣生产线可以生产帐篷 41 顶，童装生产线可以生产 32 顶帐篷。针对这两个小组给出的解决方法，同学们对此进行了讨论，有的同学认为 A 组同学的有道理，也有同学认为 B 组的解决方案更简单，总归各有各的好处，对于这种结果，我对双方都给予了相应的鼓励。这种方式能够带动多数同学的积极性。在这个问题讨论结束之后，C 组一位成绩不是很拔尖的同学想要起来发表一下自己的看法："如果公司不能如期完成任务，我会让全公司员工加班生产，同时根据工作量相应的增加他们的工资，能够保证早日完工，也能够早一些对灾区人民多一些支援。"听到这，我对他的意见表示非常赞同，表扬之后，很多同学纷纷开始发言，提出的方案各式各样，如其他厂家支援及改良技术等。

5. 教学反思

让同学们通角色互换的方式，用教师的视角来评价自己在学校的学习情况与日常表现，以不同的视角看到自己的不足之处，用不同的视角进行自我分析，不仅能更好地进行自我反思，更能进一步优化自己的学习方法，增强主体意识。在这充满活力与激情的课堂上，每位同学都找到了属于彼此的欢乐，在教师的眼中每位学生都是优秀的。

从笔者个人角度看，要想使学生主体意识更强，使学生变得更加勇敢自信，让学生的分辨能力更强，应督促学生更加积极主动地参与每场教学。使数学德育得到充分渗透。

小组学习模式的效果如下。

成绩效果：通过接近一年的小组学习模式的实践，班级在七年级下的统考中取得了不错的成绩，尤其是数学成绩更是全级组第一，数学平均分在同级组中超出第二名十几分。

德育效果：学习数学最主要的就是尊重别人，学会倾听，而小组学习模式依据数学德育教学的情感性和循序渐进原则，不仅增强了学生间的沟通能力，而且有效提高了学生的数学成绩。每个人都有属于自己的优点，彼此欣赏，互相学习，能拥有更多的信息，见识到不同的解题视野，遇见不同的思维方式。学生积极地参与数学问题的探讨，使其不武断、不盲目、不盲从，并有助于培养其勇于探索的品质，创造真正意义上的欢乐课堂。

二、数学活动丰富数学德育教育

兴趣是学习最好的教师，开展数学活动让学生更加了解数学，如组建数学社团就是让学生们从各种方式各种角度来了解数学解题的乐趣。同学们可以从有趣的数学活动中自主地认识到数学的价值所在。开展数学活动有多种形式，如阅读有关数学家的故事、举办数学知识比赛、思考定理产生的过程、论证和推理数学公式，以及到校外进行实践教学等。

三、在数学文化中开展数学德育教育

（一）利用数学史，加强数学德育教育

纵观数学历史长河，现代数学发展的重要时期不外乎 17 世纪，数学的迅速发展极强地影响了其他科学的发展，同时其他学科也在数学史上留下了不可或缺的印记。不论是笛卡尔在 1637 年发表的《方法论》（它以解析几何为基础），还是费马和帕斯卡在 17 世纪中叶共同创立的概率论，还是牛顿和莱布尼茨创立的微积分，都使数学在其他学科的发展中发挥了重要作用。在数学史教学时，教师可以通过讲述一些数学家的故事增强学生的探究欲望。

（二）采用理论实践相结合，培养数学德育

以数学教师主导，学生为主体的方式是合理有效的教学模式。实践与理论二者相辅相成，理论是实践的重要支持，实践是理论的重要传播途径。初中数学离不开理论与实践，二者缺一不可，在理论学习中加入实践使其深化，能达到更好的学习效果。这需要教师勇于吸取传统教学中的精华并去其糟粕，将理论知识与实践用全新开放性思想努力结合在一起，加强学生的数学运用意识。具体方法很多，数据表明，初中生刚好处于青春期，他们更喜欢下列两种方法。

1. 进行探究性学习

探究实践的有效方法是主动的探究性学习。它不但能锻炼学生的动手动脑能力，体会数学的可操作性，而且能够尽最大努力地扩充课程。教师在进行探究性学习时要引导学生注意平时生活，注意数学文化与现实生活之间的联系，养成独立自主探究的能力。

2. 创设合理的学习情境

数学与生活密不可分，两者相辅相成。通过反复验证可知：在数学教学方法上，教师应结合学生自身条件有序进行，这样有利于学生学习好数学知识。

（三）挖掘潜在使用价值，提高数学德育

对于数学来说，其使用价值也很重要，如数学中的优化程序性在生活中的应用。学生可以利用数学知识为具体的问题建立新的数学模型。

四、数学作文，深化数学德育教育

语文及英语是最典型的文科，都属于语言类，数学则是最典型的理科，但是其实数学也可以当作一门特殊的语言开展相关的教学活动，具体的方法就是"数学作文"的教学方法，这种方法在一定程度上打破了人们对数学教学的观念，有助于在数学教学的同时开展素质教育，在让学生掌握基本的数学知识的同时，培养学生的道德素质，真正贯彻"学生为本"的教学理念。所谓的数学作文，其实就是让学生采用写作的方式来学习数学，在这种教学方式下，学生会将自己在解决数学问题时遇到的疑问，以及围绕这些问题展开的思考与讨论用文字的方式记录下来，学生通过书写，可以展现出自己独立思考和探索的轨迹，切实体会解决数学问题这一过程，还可以鲜明地展现学生对待数学问题的态度与情绪。与此同时，教师也可以通过学生书写的文章来跟踪学生的学习状况，制定合适的教学方式，而且还可以通过学生的反馈来了解自己的教学情况及教学完成程度。

（一）通过数学作文，培养学生的数学观和数学学习观

数学作文有利于提高学生的文化品位，促进他们向着更高、更美、更远的方向努力。在教学工作中，经常会听到有学生抱怨"数学难学""提到数学就头痛"等。通过"数学作文"不难分析出了学生的症结所在，从而引导他们树立正确的数学观和数学学习观。

（二）通过数学作文，培养学生的创新能力

数学作文给学生提供了一次"回味"并且记录自己思考数学问题的过程的机会，学生在对自己的学习经历进行回味的过程中，可以加深对数学问题的理解，有时还可以举一反三。它是对已学知识的开化及创造性构思。

（三）通过数学作文，培养学生的个性

数学作文可以给学生们一个表现自我的平台，学生可以在自己的作文中表达自己的观点和思路，这样更能调动学生自主学习的积极性。数学作文让学生有了充分的想象空间，肆意宣泄自身的情感，让学生的个性彰显无遗。

（四）通过数学作文，培养学生的元认知能力

在数学学科的教学中，传统方式下教师一般只关注知识的传授，并不太关心学生的接受情况，在布置作业的时候，经常是让学生解决一些应用类问题，而关于数学"是什么""为什么会有这种原理"之类的问题却很少。数学作文这种新的教学方式能启发学生对数学问题进行归纳、延伸、拓展，将所学知识内化；它还能提升学生自主创新能力，通过学习不断探索找到适合自己的方法，进一步提升自身数学素养及锻炼学生认真求学的钻研精神等。

五、项目学习，培养学生德育素养

"项目学习"一词在教育领域内的最初应用出现在美国。著名的教育学家杜威的学生克伯屈（W.H.Kilpatrick）于 1918 年 9 月首次提出了"项目学习"的概念。一般来说，项目学习指的就是从现实生活出发，教师只对学生最终完成的目标进行整体指引，其中具体的情景设计、问题的提出及解决方案的确定都交由学生来自主创作和完成。通过这种教学方式可以最大限度地开发学生的潜力，寻找学生的强项及闪光点，制定适合学生的教学方式。

"项目学习"的教学方式对学生能力的要求是最高的，因为学生在该教学方式下为了实现最终的目标，不仅需要自主确定解决方案，还需借助自己的能力来完成相关信息和资料的搜集，有的时候小组合作时学生还需要和他人之间进行沟通合作，进行分工，共同完成一项任务，其中这种方法是最类似于现实社会的工作中解决问题的方式的。项目学习法非常强调学生通过交流合作展开学习，这种学习不局限于一门学科，不局限于单一的解决方式，而是非常贴近于实际生活的。一般来说项目学习设计的情景

都是在日常生活中经常遇见或者发生的，因此解决此类问题更能体现学生将所学知识学以致用的能力。在实用主义的观念中，在教学中应该更重视项目学习，增加学生解决问题能力和动手能力。

总而言之，项目学习是一种在实践中学习的方式，对于现阶段社会对人才的要求来看，这种教学方式是非常适用于现在的人才培养的，可以最大限度地提升学生的实践和综合能力。

第三节　地理、历史教学的德育渗透

一、地理教学的德育渗透

（一）充分挖掘教材进行德育渗透

学生的学习离不开教材，教师通过教材对学生渗透德育教育具有重要的意义和影响。地理教材作为新课程理念的重要载体，不仅有丰富的知识，也蕴含情意要素。如课本章节中的阅读资料、地理小故事、唯美的地理景观图片等，都蕴含着丰富的地理德育内容。专业素养较高的教师善于捕捉这些德育素材，充分开发利用，提高课堂德育实施效果，激发学生的兴趣，同时让学生学会发掘教材及身边的资源。但有的地理教师则对此熟视无睹，忽视了地理教材中德育资源的开发。也有部分地理教师仅关注传统的德育教育内容，如爱国主义情感等，而忽视学生急需的科学发展观、人口观、国际化、全球化等内容，思想较为保守，不善于汲取新的时代德育内涵，课堂上实施的德育内容较为单一。以湘教版七年级上册为例，全书活动60多处，约占全书内容的35%，活动安排灵活多样，活动设计富有思考性、趣味性，答案具有辩证性。如居民的建筑特色与选址、地球与水球之争、沧海桑田的变化等。教师应充分挖掘初中地理教材中的德育因素，遵循教育学、心理学有关教学原理，使德育教育更加科学化和理论化。

（二）积极开发课外德育资源

1.以网络为依托开发新的教学资源

尽管教材作为教师与学生沟通的文本，是师生交流的重要平台，但由于种种原因，教材中的案例并非完全适合每一地区的学生。因此，需要教师以教材、学生及网络为依托开发新的教学资源。地理课程资源开发利用的程度，直接关系地理课程实施的效果和水平。在地理课程资源开发前，首先要树立科学的地理课程资源观，结合网络设施进行开发利用。例如，在讲"我国水资源的特点"时，播放长江中下游地区发生洪涝灾害的图片及云南大旱的新闻视频，展示干裂的土地及村民等待分水的场景，学生通过这些真实的景象更容易理解我国水资源分布不均衡的特点，养成节约水资源的良好习惯，并使学生具备一定的灾害意识。

2.充分利用地理课外活动

地理课外活动是地理课堂教学的补充和延伸，是进行德育教育的有效途径，它具有机动灵活、选题丰富的特点。实践活动可以将学生和所学内容有效联系起来，开展有意义的地理实践活动可以调动学生学习的积极性。教师应充分利用好课外活动这块有效阵地，例如，举办地球日活动，帮助学生树立保护环境、可持续发展理念；开展世界节水日活动，使学生懂得节约水资源；开展低碳环保的活动，使学生养成绿色出行的意识等。这些有意义的活动可以帮助学生获得教材上没有的知识，培养课堂上获得不到的能力。还可以结合课堂教学内容，组织学生开展参观、调查、访问等形式的活动，以便于把理论知识与实际结合起来。地理课外活动不仅有助于开阔学生的视野，还可增强实践能力，促进其全面发展。

（三）积极开展乡土地理教学

乡土地理是学校地理教育的一个重要组成部分，是做好立德树人工作、践行道德教育理念的有形载体。进行乡土地理教育对提高学生的综合素质、促进学生全面发展方面有着重要作用。教师应根据教材内容有计划地安排学生开展乡土地理考察活动。乡土地理教育是素质教育的重要组成部分，学生了解自己的家乡和土地，并在此基础上建设祖国。加里宁（Kalinin）说，爱国主义教育，是从深入认识自己的故乡开始的。因此在进行爱国主义教育时，带领学生走进自然，领略家乡的自然风光，将课堂上所学的理论知识与家乡实际相联系，直接感受家乡优美的环境、认识家乡的资源种类、了解家乡经济发展水平等，触景生情，学生热爱家乡的情感便会油然而生。中学可以在节假日组织学生举办"我是小导游"的活动，让学生选择某一景区设计观赏路线及解说词，这样不仅可以掌握知识，还有利于学生在活动过程中产生对家乡的自豪感，更加了解自己的家乡，加深对家乡的热爱。

积极开展乡土地理教学，需要教师全面收集德育乡土地理教学资料，提高自身专业素养，需做到以下几方面。

1. 编写相应乡土地理教材

乡土地理属于区域地理的范畴，是一个小区域的地理实体。区域具有差异性，即每个区域的自然、人文要素都不同，区域内也都有自己的历史文化底蕴。因此，乡土地理教材需要体现地方性，使其富有浓厚的乡土气息。虽然区域具有差异性，但整个地理环境是一个综合体。编写乡土地理教材时也需要运用综合的观点来妥善处理该地区自然、人文、经济、文化等各方面之间的关系。同时，要考虑到初中生的年龄特征，乡土地理教材的广度和深度都应适当，致力做到简单易懂、形象直观。例如，开封市第十四中学在遵循地方性、综合性、可读性及实践性原则的基础上，编写并出版了一本有关开封乡土地理的教材，该教材详细介绍了开封市的地理位置、地形与气候等基本要素，重点展示了开封市灿烂的历史文化、"城摞城"的世界奇观、旅游资源及菊花文化节等。该教材对推动开封市初中地理德育教育实施具有重要的意义和作用。

2. 不断更新教学素材

教师不仅要熟悉自己家乡区域，收集本地乡土地理教育资源，也需要对不同地区、不同环境进行考察分析，发掘新的德育教学素材。我国疆域辽阔，各区域差异显著，地方特色鲜明，教师可积极开发其他地区的地理德育素材，使地理课堂上的德育内容更为丰富。此外，教师也要关心本地的方针政策，使自己的德育资源能够不断丰富更新。

（四）注重海洋意识、公民意识和全球观念的培养

我国拥有很长的海岸线和丰富的海洋资源，是名副其实的海洋大国。我国是最早开发利用海洋的国家之一，并在开发过程中创造了灿烂的海洋文明，增强全民海洋意识意义重大。然而，在调查中发现，多数学生认为中国版图只有960万平方公里，忽略了300万平方公里的海域面积。初中地理教材缺失对海洋意识的教育，关于中国海洋的内容极其单薄。另外，公民意识、全球观念对学生认识国家、认识世界具有重要的作用。因此，教师在地理课堂上必须注重培养学生的海洋意识、公民意识和全球观念。例如，讲解海洋日的相关知识，并举办关于海洋的相关地理活动。同时可以开发利用"隐性课程"对学生进行公民意识的教育，如每周一的升旗仪式，培养学生的爱国热情；并通过地理实践活动、校园文化等增强学生的全球观念。

（五）营造良好的校园环境

校园文化、班纪班风、教师品格等都属于隐形课程，充分开发利用这些隐形课程有利于发挥"环境育人"的作用。学校环境在一定程度上影响学生的心理平衡，良好的校园环境可以提高学生的学习热情。一方面要注重营造校园环境，另一方面也要注重宣传校园文化活动。如开展植树节、地球日、人口日等符合地理主题的活动，提高学生节约资源、保护环境的意识。同时，学校内可建设地理园地，在教室或专门的活动室布置日晷仪、地球仪等地理器材，充分利用板报资源，把一些关于环保、维护领海主权、可持续发展观念、绿水青山就是金山银山等的热点信息展示其中，不仅可以激发学生学习地理的兴趣，更能通过氛围熏陶对学生进行情感教育，充分发挥地理学科的德育价值。

二、历史教学的德育渗透

（一）在历史课堂中实现教育

"充分发挥课堂德育作用，就要重视课堂上和谐师生关系的建立。新课程改革中要求重构师生关系，通过教师的价值引导与学生的自主构建，

把课堂改造成师生对话、沟通、探究的舞台。"[1]

历史课堂是进行历史德育教育的主要场馆，历史教科书是历史德育素材的主要来源。初中历史教科书中有大量的德育素材和可以进行挖掘的德育因素，但教师不应仅局限于课本，而应充分利用各种视频、图片、音频等多媒体形式。在选择素材的时候要注意，一是选择和运用真实的历史德育素材；二是选用直观的历史德育素材；三是选用典型的历史德育素材。

1.运用真实的历史德育素材

用真实的历史事件来说理，更容易让人信服。教师在选择德育素材的时候，要注重选择真实、客观的历史素材，要"论从史出，史论结合"。历史教师在充分利用课本的历史素材的同时，可以选择有运用价值的历史素材，但是在进行素材选的时候要做到去伪存真，选取有价值的历史德育素材。

教师运用历史德育素材进行教学时，必须坚持真实性原则。随着影视业的发展和图片视频等相对文字的易接受性，大部分学生对于很多历史人物和历史事件的认识是来自于民间传说和野史，这些素材并不具有真实性。在教学历史素材中，一定要客观公正，避免出现以讹传讹，形成错误观念。只有选择了真实的历史史料，学生才能了解的真实的历史。

教师运用历史德育素材进行教学时，还必须要遵守多面性原则。选择多样化、多角度、多方面的历史史料，能全方位、多层次地认识历史人物，进而实现历史教学的德育目的。凡事具有两面性，人也是复杂多面的。教师要注意引导学生多方面了解历史人物，如教师在讲授秦朝历史的时候，不仅要向学生展示统一六国、统一文字、货币、度量衡，修建了长城，也要向学生讲授秦始皇焚书坑儒、严刑峻法、好大喜功等史料，通过正反两个方面的分析，让学生认识到秦始皇的两面性，有利于培养学生全面、客观看问题的能力。

2.选用直观的历史德育素材

历史本身是有血有肉、鲜活多样的，但是目前很多学生对于历史不感兴趣，这主要在于，一方面历史涉及的内容具有过去性和一度性，另一方

---

[1] 檀传宝.德育的力量："北京市德育专家大讲堂"实录[M].上海：华东师范大学出版社，2012：105.

面初中学生的抽象思维能力基本上还处于"经验型"阶段，很多历史教师主要是以讲授为主进行历史教学。相对于抽象的文字，具体直观的历史素材更容易激发学生的学习兴趣。直观的历史素材内容有很多，不仅包括图片、照片、视频、动画等，而且包括带领学生参观历史博物馆、历史遗迹、历史遗址等，还包括对艺术品的临摹、欣赏喜剧、艺术表演等。在具体的历史课堂中主要是通过具体的图片、照片和视频等多媒体方式，让学生全方位地、直观性地感受历史，从而提升了初中学生的思维能力，有效激活了课堂。如教师在讲解中国四大发明的时候，可以为学生播放古代的造纸术、印刷术、指南针、火药等的发明过程，在这个过程中不仅对学生进行了劳动美德教育，而且培养了学生的爱国主义情怀和强烈的民族自豪感、自信心。

3. 选用典型的历史德育素材

世界历史上出现了各种各样的人物，有品德高尚的、有坚强不屈的，有勤奋努力的，有为了整个民族或社会进步做出巨大贡献的，都是值得学习的。历史教师要充分利用经典的历史德育素材，如历史名人、历史事件、艺术成就等，通过这些历史人物、历史事件和艺术成就对学生进行德育教育，使学生形成正确的人生观、世界观和价值观。

（1）历史名人。世界历史长河中，涌现出无数风流人物、文化名人和英雄人物，他们是历史的有机组成部分甚至是推动历史的主体，是重要的历史德育资源。具体内容如下。

一是历史名人名言。名人名言多是人生经验的总结和思想的升华，不仅内涵丰富、思想深刻，而且是智慧的结晶，具有很强的感染力和震撼力。这是历史教材的重要组成部分，更是重要的历史德育资源。

二是历史名人故事。名人故事往往是成长励志故事，具有催人奋进的力量，教师通过讲授历史杰出人物、英雄故事，来塑造完整的人格和高尚的品质。初中教育主要是借助故事对学生的道德行为进行规范、评价，学生从中可以学历史人物的品格、毅力和不屈的精神，进而形成自身的道德观念。古往今来，无数的思想家、政治家、军事家、教育家、文学家等共同铸成了中华五千年的灿烂文明。通过秦国商鞅变法的历史事实，学生可以学到大胆改革勇于创新的品质；通过张仲景、李时珍在追求医学真理的道路上深入实践、不畏艰险的故事，学生可以学到其上下求索的探索精神；

通过林则徐虎门销烟的故事，学生可以增强自身的民族责任感和使命感，加强爱国主义情怀。在世界历史上也有很多名人故事是值得学习的，例如，伟大的发明家托马斯·阿尔瓦·爱迪生（Thomas Alva Edison)的志存高远、自愿献身于科学研究故事，哥白尼(Copernicus)、布鲁诺 (Bruno) 等科学家的故事，展示的是学生不墨守成规、敢于创新的品质。这些人物故事都是良好的德育素材，可以培养学生不畏艰难、勇于探索的优秀品质。当然，在历史教学中，教师在选择德育素材的时候，不仅可以选择正面的历史故事，还可以选取反面的历史故事，通过鲜明的对比深化初中学生对于道德评价标准的认识。

三是历史名人作品。书籍是人类智慧的结晶，历史名人作品蕴含着丰富的德育教育素材，教师可以充分利用这些素材对学生进行教育。初中历史教材中涉及的名人作品数不胜数，包括文学类、思想类、艺术类、传记类等。

教师可以根据教学实际选取其中的经典代表，介绍作者及其创作背景，作品创作经过及其历史、文学、社会学等方面的价值，从而激发学生学习名人及其著作的兴趣，并在学习过程中学习他们的精神品质。

历史上一些标志性事件对社会的发展起到了积极或消极的影响，教师要客观公正地看待历史事件，通过历史事件来感染学生，使得学生与教师之间产生共鸣，达到德育渗透的效果。

（二）在课外活动中实现教育

随着新课程改革的持续深入，历史课堂逐渐由传统的课堂教学模式向多样、丰富的教学模式转化，课外活动称为历史课堂教学的有效补充。在初中历史教学中，要培养学生的道德素养，应该逐渐将课堂教学和课外活动结合起来，开发出多种多样的课外活动，补充和巩固历史课堂知识，使得学生掌握的知识更加具体、深刻和牢固。学生参加多种形式的课外互动，一方面开阔了视野，锻炼了动脑能力，激发了自身的创造力，另一方面在历史课外互动中，学生的思想感情得到了熏陶，道德行为得到了进一步强化。需要注意的是，在组织历史课外活动中，教师要认真准备，周密安排，充分利用当地资源，充分调动学生的积极性和创造性，更好地在课外活动中实现德育教育的目的。

1. 开展历史辩论会

历史辩论会是以参赛双方就某一个历史问题进行辩论的竞赛活动，也可以说是针对某一历史问题展开的一种知识、思维、语言等综合能力的竞赛。组织历史辩论会，教师可以针对某一历史人物、历史事件或历史现象等展开辩论，通过不同的思想、论点、看法的碰撞，产生思想火花，从而培养学生的分析问题、认识问题和探索问题的能力。

2. 组织历史故事会

故事是学生认识世界的窗口，历史人物、历史事件和历史现象以故事的形式呈现出来将会增加课堂的趣味性。教师组织历史故事会，鼓励学生通过图书、网络等方式搜集历史故事在班级进行交流，一方面增强了学生对历史的全面认识，另一方面增加了教学内容的趣味性，更容易给学生留下深刻的印象。例如，八年级上学习"八国联军侵华战争"的时候，学生在学习了义和团运动的目的和性质，八国联军侵华的时间、地点、暴行，义和团运动中的典型事件，"辛丑条约"的签订和对中华民族的危害等内容后，教师可以布置学生在课余时间，自主搜集关于"八国联军侵华战争"的故事。历史课堂上，教师可以组织学生分小组讲述自己搜集的故事，并选取典型故事在班级内讲述。这样学生在搜集、选择、讲解、倾听的过程中，可以更加深刻地感受中华民族屈辱的历史，进而激发内心强烈的爱国主义情怀。

3. 观看历史影视作品

观看历史影视作品应该尽可能选择接近真实历史的作品，如纪录片等。吴晗曾经在《谈历史剧》中这样说道："历史剧不同于历史，两者是有区别的。历史剧作家有充分的虚构的自由，创造故事加以渲染、夸张、突出、集中，使之达到艺术上完整的要求，具体一点说，也就是要求现实主义与浪漫主义相结合，没有浪漫主义也是不能算历史剧的。假如历史剧和历史一样，没有加以艺术处理，有所突出、集中，那只能算历史，不能算历史剧。"[①] 历史影视片用生动、鲜活的方式展示历史事件和历史人物，更容易让学生接受。

---

① 吴晗. 吴晗史学论著选集（第 3 卷）[M]. 北京：人民出版社，1988：245.

4.参观历史遗迹

历史是抽象、僵化的，如果用具体的、直观的方式展现在学生面前，学生在一定程度上就可以对历史人物、历史事件和历史现象印象深刻。教师在课堂教学之余，可以组织学生参观相关遗址，进行现场教学。历史遗迹遍布祖国的大江南北，无处不在，都是德育教育之地。在探访这些遗址遗迹的时候，学生将历史与现实融合在一起，探寻古人留下的遗迹，感受将更加强烈、更加真实。

博物馆、纪念馆、档案馆、爱国主义教育基地等也是进行德育教育的基地，让学生采访参加抗日战争的爷爷奶奶，使得学生充分认识到今天的美好生活是来之不易的，应该珍惜今天的幸福生活，同时教师也可以引导学生发现成功背后需要加倍的努力。如在学习明收复台湾和抗击沙俄的时候，要求学生设计一个有关台湾历史得专题，鼓励学生到当地历史遗迹和博物馆寻找相关资料。在这个活动中，学生养成了积极探索、主动寻找的良好思维习惯，将被动学习变成主动学习。同时在教师的指导下，学生主动从历史遗迹、历史事件和历史人物中，学习历史知识，了解历史线索，进而得出准确的历史结论，并将德育情感内化于心。

第四节　生物教学的德育渗透

一、初中生物学教学中实施学科德育的内容

（一）爱国主义精神

1. 从我国目前的生物资源状况入手

生物教材中记载着我国丰富的动植物资源，如生物教材第十四章介绍了丰富多彩的植物、动物及微生物。我国的植物种类丰富，尤其是被子植物，占世界被子植物总数的12%，除此之外，我国还有众多的桫椤、珙桐等珍稀植物。我国动物种类非常丰富，其中鱼类、鸟类种类繁多，位于世界前列；大熊猫、丹顶鹤等珍稀动物受到世界各地关注，其中国宝大熊猫

已经代表中国走向受到世界各地。教师通过教材中的德育内容，借助影像、图片等媒介手段，让学生体会到祖国的富饶美丽，从心底升起自豪之情。

2.从我国生物科学发展状况入手

生物教材中记载着我国生物科学发展的悠久历史。例如，我国著名的医药学家李时珍先生编著了《本草纲目》，其中记载上千种医学植物，对我国医学发展具有深远影响；杂交水稻的成功研制，将中国人民的棘手问题成功解决了，促进了生物学的发展，而完成这一伟大"历史作品"的正是我国科学家——袁隆平先生；我国已成功发射第九颗卫星，成功解锁太空育种，培育出高产的农作物新品种。通过向学生介绍我国的科学发展成就，能够让学生感受到祖国的强大，赞叹中国科学家的智慧，让学生对中国的成就感到自豪，培养学生的爱国主义情怀。

（二）科学态度与科学精神

1.从生物科学史入手

生物教材中有许多关于科学史的实例介绍，这些科学史让学生们重走科学家探索世界的道路，通过学习科学家们敢于提出问题、科学做出假设、不断进行论证的实验过程，学习科学家们敢想敢做、尊重事实的态度及永不言败的精神。如"生物进化学说"这一节，教材中记载达尔文经历5年的航海考察，之后比较所到处的地质和生物，并深入分析其不同的原因，提出"自然选择学说"的事例。教师向学生介绍这一实例，并配以相应的视频进行说明，能够让学生感到科学家探索世界的曲折与辛酸，帮助学生树立正确的科学世界观。

2.从科学探究活动入手

生物学科是一门探究生命现象的学科，是对观察到的生命现象进行合理推测、科学证明其正确性的过程。因此，生物学教材中有大量实验活动，主要以探究的形式呈现。教师在教学过程中应该以学生为主体，通过设计实验并实施，培养学生的创新思维。例如，在"池塘水中的藻类植物"这个实验中，在学校教学设备允许的情况下，带学生们去生物实验室，用显微镜观察藻类的结构特点，小组讨论藻类植物的共同特征，学生亲自用显微镜观察藻类的结构特征，形成尊重事实的科学观念。在"霉菌生活的环境"

实验中，通过让学生设计霉菌不同的生活条件，探索出霉菌生活的环境。这一探究活动以学生设计实验为核心内容，并引导学生及时发现实验的不合理之处，进行一次又一次的修订，最终得出合理结论，促进学生创新思维的发展，增强自信心。

（三）环保意识

1. 从我国生物资源现状入手

教师在教学过程中，通过介绍我国丰富的动、植物种类及多种多样的生态系统，除让学生内心产生自豪感之外，还应该让学生清楚地意识到我国生物多样性正面临威胁，如大熊猫、蒙古野驴等，正面临灭绝的风险。进而探索出面临威胁的原因：人类某些活动，如环境污染，人类乱砍滥伐等。让学生们意识到人类的活动是造成生物多样性锐减的主要原因，意识到保护环境是维持人类生存发展的重要途径。

2. 相关生物学知识入手

教材中《生物与环境的关系》这一章重点讲解生物与环境密切相关，生物须适应环境才能更好地够生存。如橘子只有在淮南以北的地方生长才会甘甜多汁，在淮南以南的地方生长苦涩无味。同时生物也会影响其周围的环境，如大树底下好乘凉；《绿色在生物圈的作用》这一章主要讲解绿色植物生殖生长的本质，如通过其自身的光和作用，利用二氧化碳会形成供其生长的养料，而通过其自身呼吸作用会消耗掉生成的养料，产生二氧化碳，二者均能促进人类生产生活的发展；《丰富多彩的生物世界》这一章包含丰富的动植物及微生物，了解这些生物的功能，与人类的生活密切相关。通过学习以上生物学知识，能让学生意识到人与自然和谐共生的关系。学会敬畏自然，尊重自然，保护自然界中每一条生命。

（四）珍爱生命的态度

1. 从珍惜自身生命入手

近几年来，初中生因受到批评跳楼自杀、在网吧打游戏猝死的消息屡见不鲜，这充分说明初中生对生命的漠视。由此可见，帮助学生形成珍爱生命的态度是至关重要的。在《精卵结合孕育新生命》这一节中，教师可通过视频等方式向学生展示胚胎发育过程，让学生了解胎儿的成长需要不断向母亲吸取营养，让学生体会到生命形成的过程，感受生命的不易，激发学生对父母的感激之情，在生活中养成良好的行为习惯，多读书，不沉溺于网络，珍爱生命。

2.从爱护其他生命入手

学会爱护其他生命，也是每位初中生必须具备的德育观念。在《绿色植物的一生》这一章节中，通过让学生理解种子逐渐长成幼苗的过程，知道种子各个部位的变化，变成幼苗的一部分，感觉到生命的蓬勃朝力，在介绍花的结构的过程中，体会到生命的不易，介绍我国的珍稀动物面临的威胁，让学生体会到生命正在流逝，激发学生保护生命、爱护生命的思想感情，让学生意识到，通过实际的行动，珍惜爱护每一条生命，从身边小事做起，保护共同的家园。

二、优化德育渗透过程策略

（一）情境创设策略

在课堂教学过程中，某些德育理念不是直观地呈现在学生面前，教师无法用言语直接讲授，此时更需要的是学生们的切身体验，进入真实情境中。因此，创设德育情境是进行德育渗透的关键性策略。情境的创设主要强调其真实性，与学生实际生活相联系。教师可通过关注生活中真实发生的实例进行德育渗透，以实际生物学知识为支撑，以创造真实的情境为手段，通过吸引眼球的生活实例、直观具体的影像，让学生去实践、体会，用情境去感化学生，提升学生的思想品德素养。在生物教学运用情境创设策略渗透德育主要包括以下环节：1.创设真实德育情境；2.引发学生德育思考；3.建立正确价值观。例如，教师讲授鸟的生殖与发育这一课，首先让学生观察"鸟的一生"的视频，视频中展示鸟的生殖发育的各个过程，之后让学生回答相关问题。在这一过程中，学生以观看"鸟的一生"的视频为载体，身临其境，更加清晰具体掌握了鸟的生殖发育阶段，将所学知识内化为品德，体会到生命的不易，帮助学生形成珍爱生命的观念，以及保护鸟类的习惯。

（二）实践体验策略

德育渗透，不仅仅局限于课堂教学，良好的课后实践活动是对课堂教学的延续与补充，也是教学中有效渗透德育的主要途径之一。以真实的实践体验为载体，能够激发学生的学习兴趣。除此之外，有益的课后实践活动还能进一步深化学生课堂中领悟到的德育要素，将外在的德育内容内化为自身的道德规范。

在生物学教学中运用实践探究策略渗透德育主要包括以下环节：1. 明确德育主题；2. 开展实践活动；3. 强化活动体验；4. 主动内化德育。这门学科中，最常见的实践活动有参观果园、动物园及生物博物馆等活动。例如，学生在学习完植物的有性生殖这一节之后，掌握果实形成的原因，教师组织学生去果园采摘，在采摘的过程中，让学生进一步观察果实的结构，并让学生说出果实的各个部分与花的结构的关系。通过课外实践活动，学生更加了解果实的结构。除此之外，学生还会认识到劳动的不易，形成珍惜粮食的好习惯。

（三）实验探究策略

开展实验教学，通过学生自主设计实验步骤，激发学生的科学思维，除此之外，教师通过规范学生的操作技能，培养学生严谨认真的科学态度；在生物学实验中经常以动植物为研究对象，教师应该强调保护动植物的重要性，引导学生关心爱护动植物，帮助学生形成环保意识及珍爱生命的观念。

在生物学教学中运用实验探究策略渗透德育主要包括以下环节：1. 明确探究问题；2. 做出假设；3. 设计实验步骤；4. 验证假设；5. 得出结论。例如，"探究鼠妇分布的非生物因素"实验中，学生以小组为单位，探究影响鼠妇分布的非生物因素，并提出假设。各小组设计实验步骤，从而证明提出的假设，这一过程充分开发学生的创新思维，在实验结束之后，引导学生将鼠妇放回大自然，有利于学生爱护动物的习惯。在"制作临时玻片标本"探究实验中，教师进行操作演示，讲解各个步骤的注意事项，之后要求学生亲手制作标本，并进行指导。学生通过实际操作，认识到自身操作不当之处，结合教师的实际指导，修改不足，形成严谨认真的学习态度。

（四）生物科学史策略

生物科学史是科学家们智慧的象征，不仅包含从古至今的生物科学历史事实，还包括生物科学史蕴含的宝贵的科学思想。在教学过程中，教师应将生物科学史与生物学知识紧密相连，充分探索生物科学史中隐藏的德育要点。更为重要的是，教师应该将生物科学史中蕴含的爱国主义情怀、永不言弃的科学态度、勇于创新的科学精神及"一分为二的辩证主义思想以"润物细无声"的形式渗透教育教学中，提高学生的思想道德品质。

在生物学教学中运用生物科学史策略渗透德育主要包括以下环节：1.展示生物科学发展史；2.挖掘生物史中的德育元素；3.结合德育元素与生物学知识。例如，教师在讲解生命的诞生这一节时，播放与原始地球相关的视频，之后让学生按顺序阅读资料，探索生命的起源之旅。第一份资料是与"自然发生说"相关的资料，记载扬·范·海尔蒙特（Jan van Helmont）提出自生论的过程。第二份资料是"生物起源说"的资料，记载路易斯·巴斯德（Louis Pasteur）根据"肉汤腐败实验"否定自生论的过程。第三份资料是"化学进化学说的资料"，通过记载米勒实验，说明生命起源于原始大气。通过阅读资料，学生们领略科学家们的探索历程，学习科学家们敢于批判、永不放弃的科学态度与精神，形成科学的世界观。

（五）小组合作学习策略

在生物学教学中运用小组学习策略渗透德育主要是将全班学生分成若干小组，以组为单位完成学习任务。小组合作主要应用在讨论、实验等环节，通过学生的讨论交流，共同合作，不仅能够提升学生的交流表达能力，还能帮助学生形成合作共赢的意识，帮助学生形成集体主义精神。

在生物学教学中运用小组合作学习策略渗透德育主要包括以下环节：1.设置小组任务；2.小组谈论交流；3.展示小组成果，主要应用于教材中的"讨论""观察""探究"等栏目。例如，观察果实和种子这一栏目中，学生分组观察结构图，了解子房和胚珠的结构，并进行讨论，有利于培养学生的交流表达能力。在蛙的生殖与发育过程这一观察栏目中，学生分组阅读材料，各小组之间交流对蛙生殖发育过程的认识，以及为什么活动结束后，将蛙放回大自然。这不仅帮助学生形成集体主义思想，还形成珍爱生命的态度。

第五节 物理、化学教学的德育渗透

一、在初中物理教学中渗透德育的教学微案例

教学设计是确定教学目标、建立解决教学问题对策、实行解决教学问题方案、评价试行结果和修改方案的过程，目的是希望获得最优的教学方案。而教学微案例镶嵌在教学设计之中，可以指导授课教师在初中物理学科教学中渗透德育，将德育教育与知识点的学习融合为一体，从而达到润物无声的德育目的。其通过挖掘初中物理教材中的德育资源、充分利用课外活动、采取合作学习及寓教于乐等德育教学方式，来调动学生参与物理学习的主动积极性，激发学生学习物理的兴趣，在促进学生学好物理知识的同时，注重培养学生美好的思想品德和良好的心理素质，进而全面提高学生的科学素养，把学生培养成为德智体美全面发展的社会主义事业建设者和接班人。

（一）在"声的利用"一节设计如下教学环节

【教师讲授】

1.声在军事上的应用

（1）无线电定位器——雷达

雷达的制造原理就是模仿蝙蝠的超声波回声定位系统而发明的，自然界中的很多动物都长有高级的声波发射和接收器官，如蝙蝠的觅食、活动一般只在夜间进行，可它们却不会撞到墙壁、树枝等障碍物上，同时能精确地确定捕捉的目标，蝙蝠的"绝技"靠的是眼睛吗？其实蝙蝠在夜间活动时能发出超声波，发出的声波碰到障碍物时会反射到蝙蝠的耳朵，蝙蝠根据回声的方位、时间就可以判断目标的准确位置（图5-1）。

（2）声纳

科学家们利用回声定位的原理发明了"声纳"，利用声纳系统，人们可以探测海洋的深度（图5-2）、海底的地形特征等。

同学们，自然界的动植物和人类共同生活在这个美丽的地球上，因为有他们，所以世界才会充满生机，五彩斑斓，同时它们也给了人们很多科学的启发，人们利用这些启发，发明了很多有益于人类的发明（图5-3）。

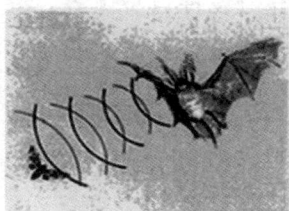

图 5-1 蝙蝠觅食　　　图 5-2 利用声呐探测海深　　　图 5-3 B超

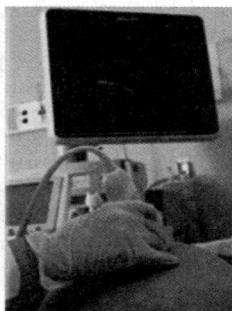

【设计意图】

通过引入蝙蝠的正面、反面案例，利用当前热点事件，因势利导，向学生介绍声在现代技术中的应用，进一步增加学生对科学的热爱、对自然的敬畏、对环境的爱护及社会责任感，融德育于无形之中。

（二）在物理课外活动中的角色模拟渗透德育

【活动形式】

以某个时间段为周期，以班级为单位，从学生的兴趣出发，如海洋、环境保护、汽车、航空航天等方面，学生自由选择感兴趣的项目，通过寻找研究的小课题，成立每组5~8人的科学探究团队，团队内开展自主化运作方式，通过查阅相关书籍、上网查资料、调研调查等前期准备，小组成员集思广益，讨论后制作课件，就所研究探讨的课题进行小组汇报演讲。同时，小组的每个人都要形成一份书面探究报告，详细说明自己的探究经历、见解及收获。

【引导评价】

教师需要鼓励学生进行大胆的想象和尝试，鼓励并引导学生提出自己的见解，意识到自己的价值，在评价机制上要更加开放、多元，改变评分制的传统做法，使学生在更多层面、不同角度、不同领域得到公正的鼓励与评价。

【设计意图】

通过有趣的科学探究活动，激发学生的创造意识，培养学生的动手实践能力，培养学生的科研意识、综合知识的应用能力及获取信息的能力。小组活动给了每个学生充分展示自己的机会，充分发挥自身优势、特点，很好地践行了"量其特点，因材施教"的原则，通过这种自主活动，可以让学生养成科学态度和科学道德，培养学生的社会责任感和社会使命感，获得参与和探索的情感体验。

（三）在"运动的描述"的教学中设计以下教学活动

【教学环节】

"运动的描"述这节课在讲到参照物的内容时，给学生播放观光船在洞庭湖中穿行的画面，而后将这首宋词读给学生（满眼风波多闪烁，看山恰似走来迎，仔细看山山不动，是船行——《浣溪沙·五里竿头风欲平》），让学生分别讨论"看山恰似走来迎""仔细看山山不动"这两句的参照物。

【教师讲授】

洞庭湖自古为五湖之首，是中国水量最大的通江湖泊，更是湖南的"母亲湖"，它是中国传统农业的发祥地，养育了世代中华儿女。我们应该保护好这片水土，这片湖泊，从你我做起，不乱扔垃圾，不野钓，保护生态。

【设计意图】

落实《义务教育物理课程标准》要求的加强物理学与生活、社会的联系，结合本地实际，选取学生常见的事例，把跟学生本地有关的现实内容充实在课堂中。通过视频播放及教师讲解，展示诗句中的洞庭湖画面，让学生在润物细无声中感受家乡的美，激发学生热爱家乡、热爱祖国的情怀，同时培养学生爱护环境、保护环境的意识，培养主人翁意识。

（四）在"长度和时间的测量"一节设计如下教学环节

【课程引入】

课程开始阶段用PPT播放问题及姚明的资料。著名的篮球运动员姚明的身高是多少？如何测量身高？

【教师讲授】

姚明用精湛的篮球技术，在美国篮球职业联赛中站稳脚跟、打出名堂，成就了他自己的梦想，更成为中国的骄傲（图5-4）。他用刻苦的训练精神、出色的赛场表现和随时听从国家召唤的爱国精神，塑造了一个精神上巨人，他带给我们的思考已经远远超过了体育本身，我们要向姚明学习这种刻苦认真、坚韧不拔、热爱祖国的精神，时时刻刻把国家放在第一位。

图 5-4 姚明扣篮

【设计意图】

采用寓教于乐的教学原则，通过引入姚明的事迹，吸引学生的兴趣，很好地引入了本节课的主题，利于学生自主思考，培养学生的科学精神，同时通过对姚明伟大的职业生涯的介绍，培养学生热爱祖国，努力拼搏的精神，增加民族自豪感。

二、初中化学教学中"大德育"教育实践案例

初中化学教学工作规划中，为了将大德育教育工作实践与具体的教学工作结合，需要在其整个教学工作规划中，将化学史与教学工作结合，这样能保障在其教学引导实施中，能够更加准确地将初中化学教学演变中的"大德育"教育工作完善。因此，在本书的研究中，以化学史演进为主要教学实践内容，对整个教学中的"大德育"教育渗透进行了分析。主要的案例设计如下。

案例：金属资源的利用和保护（1课时）

教学内容分析	本节内容选自人教版九年级《化学》（下册）第八单元课题3，内容涉及非常广，包含地球上及我国的金属资源状况、铁的冶炼、有关杂质的计算、金属的腐蚀和防护，以及金属资源的保护等，既有知识、技能方面的内容，又有资源和环境保护意识，以及爱国主义情感和绿色化学等可持续发展理念的体现。 　　第一课时主要讲述铁的冶炼。首先介绍我国冶炼铁的历史，激发学生的爱国主义情怀，其次通过实验来说明从铁矿石中将铁还原出来的化学反应原理，以及对实验进行改进，突出绿色化学的可持续发展理念，最后例题形式介绍了有关杂质的计算。把化学原理、计算与生产实际结合在一起，使学习和活动有机结合，有利于学生的主动参与学习。 　　第二课时讲述的是资源的保护。重点是有关铁的锈蚀和防护的活动与探究内容。关于资源的保护，教材中介绍了废旧金属的回收利用、合理开采等保护金属资源的措施。进一步提高了学生保护资源和环境的意识，以及可持续发展的理念。	
教学目标设计	知识与技能	1.知道常见的金属（铁、铝等）矿物；了解从铁矿石中将铁还原出来的方法。 　　2.会根据化学方程式对含有某些杂质的反应物或生成物进行有关计算。 　　3.了解金属锈蚀的条件及防止金属锈蚀的简单方法。
	过程与方法	1.通过实验，让学生了解炼铁的原理，使学生认识化学原理对实际生产的指导作用。 　　2.通过对某些含有杂质的物质的计算，使学生把化学原理、计算和生产实际紧密地结合在——起，培养学生灵活运用知识的能力。
	情感态度与价值观	1.通过对我国古代炼铁的介绍，让学生了解我国炼铁的悠久历史，激发学生的爱国热情。 　　2.通过实验对铁的冶炼进行改进，提倡绿色化学，培养学生的可持续发展理念。 　　3.通过讲解废弃金属对环境的污染，让学生树立环保意识，认识回收利用废旧金属等对金属资源保护的重要性。 　　4.通过对矿物可供开采的年限的介绍，让学生产生金属资源的危机意识，更让学生懂得要保护金属资源。
教学流程	引入：我国金属资源现状→铁的冶炼史→实验：一氧化碳还原氧化铁→实验改进→杂质问题计算→总结：归纳授课内容，升华主题思想→作业	

续表

案例：金属资源的利用和保护（1课时）

	教师活动	学生活动	教学意图
教学过程	（第一课时） 【课前准备】 　　发动学生课前查找金属资源的有关资料：矿物标本、实物照片、图表、有关金属资源的文字描述等。 　　由小组分别展示收集的资料。 【引入】 　　金属资源是不是取之不尽用之不竭的呢？我们今天就来学习金属资源的利用和保护。 【图片与视频】 　　1.我国古代炼铁图——了解我国炼铁的悠久历史 【讲解】 　　看到古代劳动人民炼铁的艰辛，你有什么感受？ 　　2.中华人民共和国成立后钢铁工业的发展——上海宝山钢铁公司炼铁高炉；为纪念1996年中国钢产量突破1亿吨而发行的邮票。	学生课前准备，搜集材料。 　　学生展示材料，交流信息，讨论 【讲解】 　　地球上金属资源很丰富，我国矿物储量种类齐全。在所有的金属中，含量最丰富的是铝，而提取量最大的是铁。 思考、交流 【回答】 　　我们应该节约用铁，保护铁资源。 　　观看多媒体展示的图片和视频，了解我国炼铁的悠久历史，以及我国钢铁工业的发展。 现状	让学生通过多种途径收集资料，培养学生资料收集的能力。 　　由课上来展示收集的成果，不仅可以培养学生的兴趣，而且可以激发学生的学习热情。 　　通过观看图片和教师的引导，促进学生节约的高尚品质的进一步形成。 　　利用图片和视频等多方面的材料，从视觉上刺激学生的感官，激发学生的爱国热情。培养学生的民族自豪感。 　　由设问把学生心中所思明朗化，给了学生一个明确的求知方向。

续表

案例：金属资源的利用和保护（1课时）

【提问】 　人们是如何把铁矿石炼制成铁的呢? 【演示实验】 　介绍炼铁的原理 P16——一氧化碳还原氧化铁的实验。 【小结】 　1.炼铁的原料：铁矿石、焦炭、石灰石。 　2.炼铁原理： $3CO+Fe_2O_3 \xlongequal{} 2Fe+3CO_2$	观察实验，描述现象，思考原理，完成化学方程式。 观察、思考、讨论	通过演示实验让学生对知识有一个感性认识，同时把本节课的重点内容呈现给学生。 通过观察实验和自己完成化学方程式，可以提升学生的认知能力和归纳总结能力。
【提问】 　这是传统的实验室中铁的冶炼的实验，大家对实验装置进行观察，看是否需要改进，为什么?	【回答】 　尾气处理不够得当，这样直接点燃浪费资源，可以将多余的一氧化碳进行收集，待其他实验使用。 　尾气还可以用导管接到酒精灯加热处，用一氧化碳燃烧的热量来还原氧化铁。	通过学生的观察和思考，将实验进行改进，体现了绿色化理念，不仅增强了学生严谨的科学态度，又培养了学生的可持续发展理念，还深化了学生们的环保意识。
【过渡】 　在实际生产中，所用的原料或产物一般都是含有杂质的。因此，在实际生产中必然会涉及杂质的计算问题。	学生思考：铁矿石、生铁、钢等物质是纯净物还是混合物? 　思考含有杂质的物质如何进行计算。	

【例题】 　　用1000吨含氧化铁80%的赤铁矿石，理论上可以炼出含铁96%的生铁多少吨？ （解题过程见板书设计） 【总结】 　　解题思路：有关化学方程式的计算都是纯物质的计算，要把含杂质物质的质量换算成纯物质的质量。 【课堂练习】 P23习题4、5 　　【延伸】展示我国稀土资源的现状和一些关于我国稀土研究的视频。 【总结】 　　通过本节课的学习，了解我国的资源情况和铁的冶炼史，并运用一氧化碳还原氧化铁的原理去认识理解工厂炼铁，充分体现理论联系实际，同时培养学生爱国主义思想，激励学生努力学习，报效祖国。 【作业】 　　整理知识点，预习下节内容。找寻一些生活中破坏金属资源和保护金属资源的实例。	归纳解题思路 学生练习	通过例题的方式，把化学原理、计算和生产实验紧密地结合在一起，有利于学生主动参与学习，进而培养学生严谨的科学态度。 　　通过视频和图片了解我国化学研究的现状，进一步培养学生的爱国主义。

　　在本案例中，首先通过我国铁的冶炼史说明铁的冶炼对我国工业发展的巨大作用，同时了解实验室中铁的冶炼方法，通过我国强大的工业技术

对学生进行爱国主义教育，同时促进学生进一步形成节约等高尚品质，并引入了我国稀土工业的发展状况，从学科发展中进一步强化授课过程中的爱国主义教育。通过对实验的改进，应用绿色化学技术，强化了学生可持续发展理念，实现了三维目标要求。

第六节　体育、音乐教学的德育渗透

一、体育教学的德育渗透

（一）体育教学具有体验式德育的优势

人们对理性认知的过度依赖导致了德育过程中对道德知识的过度依赖，德育灌输这种"知性德育"方式，因其忽略受教育者的主体性、加剧受教育者的排斥心理、德育实效不高等缺点，一直被学者所批判。但不能忽略"知性德育"的优点，道德知识的传授对受教育者道德认知能力提高的作用不可忽视，但只依靠"知性德育"的手段，难以塑造出健全的人格。体育教学具有"体验式德育"的优势，可以与"知性德育"结合实行双向并育，二者是一种有机结合，遵循着要素之和大于整体的规律，既提高中学生的道德认知能力，也实现其道德的自我建构。体验式德育需要直接面对现实的生活世界，在具体的生活情景中去体验和感受，也就是需要一个"道德体验场"，它强调受教育者最真实的内心体验，外在的命令、灌输都会影响自我体验，要顺其自然，尊重受教育者的身心发展状况，尊重生命的多样性，为其创造各种不同的情景和气氛去体验。道德体验也不是说一次两次就能有很好的收获，它是一个连续的、动态的、自我超越的过程，需要不断地积累、内化，进而形成稳定的德性。

体育教学发生在现实的生活中，篮球比赛、队列队形的训练等都是一个个具体的"道德体验场"。每个道德体验场都蕴含着特有的德育主题，如竞争、自信、规则意识等，都能给学生带来不同的道德体验。同样是篮球赛，每次参加的体验也不同，体验者对同一道德现象体验的不断积累，就会有自己内心对道德的独特认知。体育活动中的道德体验是一个动态的、多层面认知的过程，是体验者的道德判断、道德情感不断积累的过程。

体育活动是学生作为道德主体自我参与、自我反思的过程，在这过程中较少受到来自教师的灌输，是顺其自然的。体育教师要尊重学生的差异性，每堂课都要针对不同年级、不同班级、不同性别的学生设计不同的"道德体验场"，选择合适的德育元素，让学生在体育活动中真正地进行道德的自我建构，催生稳定的道德行为，不是那种偶尔感情为之的道德行为。在学校德育工作开展过程中，在知性德育的基础上充分发挥体育教学具有的"体验式德育"的优势，德育实效会有质的提升。

（二）初中体育教学德育渗透的优化策略

1. 广泛开展有关体育教学德育渗透方面的培训

体育教师对德育渗透理论的认知错误或深度不够，与平时较少接受有关体育教学德育渗透方面的培训有直接的关系。大多数体育教师都具有德育渗透意识，但是在具体的操作上，如德育内容的选择、德育方法的灵活运用等都缺乏专业人士的指导，单靠体育教师自己去钻研德育渗透方面的理论知识，不但会耗费大量的精力，还会走许多的弯路。年轻教师需努力承担学校里更多的体育工作；老教师则需要照顾自己的家庭生活，学习的时间大大缩短，这对体育教师的能力提出了更高层次的要求，也增加了体育教师的负担，所以就需要广泛开展有关体育教学德育渗透方面的培训。

有关部门应先制定相应的文件，以引起各学校的重视，邀请有关德育方面的教授或专家进行德育理论方面的讲解，提升广大体育教师对德育理论的认知程度，同时让体育教学德育渗透方面有成果的体育教师分享其教学经验，并在实际操作上给予指导。在组织上可以实行分批次进行培训，一是避免大规模地调动体育教师，影响正常的体育教学工作，二是优化人数以提高培训的质量，每两周到三周进行一次培训，培训地点就选在各学校循环进行。在培训之余，也观看培训点学校的体育课，给予意见和指导，促进各学校体育教师之间的交流，相互学习，一方面起到监督的作用，促进体育教师德育渗透工作的落实，另一方面在技能教学上也能得到宝贵的指导意见。体育课的基础是技能教学，在培训的同时，各体育教师做好笔记，在课余时间配合培训的内容进行自主探究体育教学德育渗透的有关内容，并付诸实践，这样不仅能将培训的内容内化，也能实现培训的目的。

2.归纳初中体育教学活动中蕴含的德育渗透内容

每一项体育活动都具有其独特且相对固定的德育元素，在学科德育渗透方面，体育教学具有"体验式德育"的优势，更利于学生对德育渗透内容的内化，所以需要对体育教学教材所蕴含的德育渗透内容进行系统的归纳和整理，得以有序开展体育教学德育渗透工作。根据查阅相关文献及结合笔者的个人理解，将初中体育教学活动蕴含的德育渗透内容归纳如下。（1）体育理论：爱国主义教育、追求真理。（2）队列队形练习：培养学生规范性、组织纪律性、集体主义精神。（3）体操、健美操等技能类：勇敢精神、审美观念、不畏挫折。（4）田径类：竞争合作意识、顽强拼搏、勇敢精神、维护公平公正、自信、果敢的品质。（5）球类：团队精神、竞争合作意识、理性面对失败、文明礼仪教育、互尊互谅、顽强拼搏、规则意识。（6）武术：吃苦耐劳、民族主义精神、文明礼仪教育。（7）游戏类：合作竞争意识、团结互助、公平公正、规则意识。

3.德育渗透内容的选择需密切结合学情分析

初中阶段三个年级的学生都有着各自的特征，他们在道德认知水平、德行能力方面都是不同的，男女生方面的差别也是较为明显的，体育教师不能统一相同对待，要仔细观察他们的行为及思想上的微妙转化，所以体育教师要做到选择的德育内容合理且有层次，就需要结合相应的学情分析。

初一年级的学生大都是来自不同的小学，学生之间由于交流比较少，关系十分生疏。在学期初，体育教师在体育教学中应渗透以团队精神、合作意识为主的德育内容，通过体育教学活动增强初一年级学生之间的交流，提升班级凝聚力。初一时期的学生组织纪律性较差，需要及时改善，为之后的课堂学习打下良好的基础，规则意识、集体主义精神等德育内容在体育教学中渗透则可以很好地培养学生的规范性。在文化课的学习上，初中课程学习的难度较小学时提升很多，部分初中生不能很好地适应这一变化，面对学习上的挫折，产生了焦虑的情绪，体育教师在体育课堂设计上也应适当选择顽强拼搏、克服困难等德育渗透内容，改善学生的焦虑状态，促进其身心健康发展。

初二年级的学生与初一、初三年级的学生相比，自尊心、争强好胜心、逆反心理等方面的表现都要显著，情绪上表现为易感性、冲动性和两极性，出现早恋、引导，必将产生众多不良的影响，体育教师应在此时更多地选择规则意识、谦虚、合作意识、理性谨慎、勤俭节约等德育内容渗透到体育教学之中，以有效应对"初二现象"。在室内课堂可以进行一定的心理健康教育、法治教育，来教导初二年级的学生如何理性面对青春期出现的各种变化与问题，通过体育教学德育渗透工作弱化其不良行为表现，在思想上给予其正向引导。

初三年级学生的思想、行为表现上就相对成熟一些，最主要的任务就是为升学而努力。中考是一个分水岭，部分学习困难的学生也要面临就业或者去高职学校的问题，初中时期所学的知识可能随时间而被学生遗忘，而此时形成的思想，养成的行为习惯却是能伴随学生的一生。所以面对初三的学生，体育教师在体育教学中应渗透人生观、价值观方面的德育内容，引导学生在人生的正规上不走偏。初三年级的学生忙于功课的学习，同学之间的交流也会适当减少，要穿插渗透团结互助、合作意识的德育内容，在充满互帮互助、和谐氛围的班级里学习，也有助于提升学生的学习效率。学生在备考的时候，心理上难免出现焦虑、紧张，自信、合理面对挫折等德育内容可以在体育教学过程中进行渗透，让学生以乐观、积极向上的心态面对中考。

体育教师也应合理分析初中男女生的不同特征表现。他们在青春期的大方向上具有一定的共性，但彼此的差异还是存在的。男生的冲动表现更强烈，具有较强的表现欲望，不服从教师管教的现象较为常见，体育教师应着重渗透给男生沉着、谦虚的德育内容；女生则会表现出拘谨的一面，不愿意表露内心的事情，参与集体活动的积极性并不是很高，体育教师应适当选择自信、合作互助等的德育内容来教育女生。体育教师面对男女生的差异要做到区别对待和有机统一。

二、德育视域下初中音乐课堂教学目标设计案例

本案例结合了当下的德育素材，又结合了七年级下册第二单元影视欣赏中音乐对影视作品的作用，设计的一节音乐课的教学目标。在全国防疫保学的特殊时期，网络教学成为重头戏，音乐课程在新形势下如何对学生进行生动鲜活的德育教育值得探究。此时，可以教科书内容为主进行重构与拓展，"用教材教而不教教材"，既结合教材中的知识点让学生体会到音乐对影视作品的作用，又结合实际对学生进行了德育培养。

（一）空中课堂教学目标

1.情感态度价值观目标：在有关抗"疫"题材的音乐作品中，感受和表达音乐带给人的感染力及作品的感人情怀。

2.过程与方法目标：通过视频欣赏，学生尝试从力度、速度等音乐要素，用连贯细腻的声音有感情地演唱抗"疫"歌曲，并有感情地朗读歌词表达自己的情绪。

3.知识与技能目标：了解音乐对影视作品的推动作用，学习、模仿歌曲中富有感染力的演唱技巧。

根据教学目标德育无痕原则中德育内容要贴合学生的实际生活的要求，在空中课堂开讲以来，设计了一堂德育渗透音乐课。疫情带给人们反思的东西很多，需要学生体会、感悟、成长的地方也很多，音乐课也要适时地总结，从音乐的角度带给学生正能量情感的表达与提升。结合七年级下册第二单元影视欣赏中音乐对影视作品的作用，又结合当下的德育素材，让学生通过音乐课提升情感态度价值观，也通过演唱和配乐朗诵找寻情感的一个宣泄口，借由音乐作品缓解学生情绪，起到培养学生身心健康的德育目的。

（二）根据设计原则与步骤设计教学目标

第一步研究《音乐课程标准》，在情感态度、价值观目标阐述中要求提高学生审美能力，陶冶高尚情操。本课的情感态度价值观目标就是通过视频或配乐诗朗诵作品，体会爱国奉献等感人情怀，用音乐作品陶冶学生的高尚情怀。一些好作品不用教师过多地解说，学生看完时已泪流满面，所以在这个过程中，学生能感受到作品的魅力，感受到背后的情感，提升

自己的国家认同感和奉献精神的道德素养；第二步分析教材，七年级下册第二单元中的一个知识点就是让学生了解音乐对于影视作品的推动作用，可通过视频短片，让学生了解音乐对于影视作品的推动作用，并且学习表达的技巧；第三步是分析学生的心理，对于初中的孩子，让他们有感情地演唱一首歌曲，有时并不能完成得很好，所以教师也要遵循学生的身心发展水平，尊重学生的表演意愿，如让学生有感情地朗读歌词，结合课后学生发送的表演视频，选择配乐朗诵的表演方式居多，符合学生学情设计教学目标；第四步是根据德育无痕原则让学生在聆听中受到歌曲旋律、歌词的感染，从而实现价值观的提升。过程与方法是让学生尝试演唱及配乐朗诵，学生可以正确表达自己的情绪，体验表达过程；第五步是确定目标的层次，在知识与技能目标中让学生学习歌曲中感染人的情绪是怎样演唱或朗诵出来的，由于学生的演唱水平或是朗诵水平还不是很完善，所以让学生从模仿开始，之后自己慢慢尝试；最后选择陈述用语，有"模仿""表达"这样具体的行为动词和标准。

这节教学目标设计案例传递的教育思路是：在音乐素养学习的同时，适时地寻找可以塑造学生品德的时机，同时给予学生美的教育，提升学生的音乐素养和德育素养。

第七节　初中德育校本课程开发的实践

一、初中德育校本课程开发的内涵与特征

（一）初中德育校本课程开发的内涵

初中德育校本课程开发指的是以国家、地方制定的德育课程纲要的基本要求为指导，整合和利用与德育有关的校内外课程资源，通过校长、教师、专家、家长、学生、社区人员等人形成合力，共同开发。编成结合学校实际的、贴近学生校园生活的、能更好地实施思想品德教育的德育教育课程资料，它是初中校本课程开发范畴的一个分支。初中德育校本课程开

发通过采用和挖掘学校自身和附近社区的有效资源，以培养学生的良好品德，树立学生正确的道德观念为目的，让全校师生都能共同参与到主动开发德育课程的活动中。

（二）初中德育校本课程开发的特殊性

初中德育课程校本课程的具体表现为：第一是初中德育校本课程开发使用的是学校自身特有的德育资源，所以它更强调在道德教育中学生的个体差异性，而不是把关注点放在普遍性、基础性的道德问题上；第二是德育校本课程开发与学科校本课程开发在功能上有所不同。德育校本课程开发着重关注的是一种人文素养和道德情感的培养，而不是学生学科知识掌握程度和知识的运用能力；第三是德育校本课程开发在一定程度上并没有固定的表现形式，无需规定其必须是活动课还是选修课，可以拥有多种形式以便道德教育更好地实施。

二、德育校本课程开发的价值分析

1.能弥补国家德育课程的不全面以提高德育的实效性

我国幅员辽阔，资源丰富，不同地域之间风俗文化特点鲜明，即使是在同一个地方，由于区域不同，当地的资源、文化也不尽相同。传统的道德教育中，学校忽视了挖掘自身文化特征和资源特色，至而德育的实效性不高。为了解决这些问题，各校根据本校所处的地理位置及其所具有的人文特点、风土人情，进行充分挖掘，发展具有本地特点德育校本课程，弥补目前国家德育课程的不足。初中德育校本课程的开发可以使德育课程更具有实效性和具有本校特色，成为学生喜闻乐见，容易接受的资源，有利于传统德育资源的继承和发扬。这样统筹兼顾，既能完成国家课程不能解决的问题，还能充分展现地方特色，提高了德育的高效性和实效性。

2.可以更好地让学生作为"主体"参与到德育活动之中

传统的课程注重学科知识的学习与掌握，但忽略了学生个体的情感需求。德育校本课程的开发则强调学生的生活体验和后天的学经验，要求学生主动参与体验。德育课程实施中注重学生发展的主体性、主动性，关注学生发展的差异性。德育工作者应该认识每一个学生都是不同的个体，应充分发挥其主体作用，要根据学生不同的道德体验开设有学校特色的德育课程。在德育校本课程开发的过程中，教师和专家应该在满足学生不同的发展需要的同时给学生留下一定的自由空间，允许学生共同参与到课程的开发之中，尊重学生的兴趣与经验，让学生有机会根据自己的需要对德育课程的开展方式、内容等进行选择。

3. 能够促进教师的专业发展

在国家德育课程的开发模式下，教师需要按照规定的时间和进度，完成教学内容，教师进行自主开发的时间和能力有限。德育校本课程的开发是国家课程开发权力下放后形成的一种新的课程资源开发新模式，教师在课程资源开发和运用前后是编制者、实施者、评价者的多元角色，这赋予了教师一定的决策权，广大教师参与课程开发的意识和积极性有了增强，广大教师课程开发的能力得到空前提升。德育校本课程的开发帮助教师们认识道德教育应与学校特色资源和学生生活实际相联系，而不是拘泥于固有的形式。教师对道德教育的主题、内容要有一定的选择设计能力。德育校本课程开发的过程中，教师在校外专家的帮助和指导之下使自己选择设计课程资源的能力得到提升，提高了教师的教育教学研究意识，为学校教师群体提供更多合作机会，完善教师的德育知识结构。

4. 有助于学校德育特色的形成

学校是社会的浓缩，每所学校都有自己的办学特色、办学理念和德育思想，其人文、地域、历史等方面决定了学校的独特的办学理念和德育思想。国家实施的三级课程管理体制就是为了在确保教育质量和德育教学效果的前提下充分发挥学校的主观能动性，学校能根据自己的文化底蕴和客观现实情况确定学校的办学理念，确定学校的发展规划，明确学校的发展方向，建构学校的办学特色。学校实现德育特色化有效手段和重要载体之一就是开发特色化的德育课程，德育校本课程的开发既要求教育能传播给学生正确的价值观和正能量，又要求学校教学应该与社会现存的弊端相联系，冲破不合时代的、落后的教育观念。

三、德育校本课程开发的基本理念

要更好地实施德育校本课程开发，必须确定相关基本理念。德育校本课程开发不但是一种德育实施方法或模式的呈现，同时是一种教育哲学理念和教育形式的展现。目前，在德育校本课程开发理念上主要有以下几种认识。

1. 坚持以学生发展为本的课程价值取向

第一，德育校本课程开发强调将德育课程和教学回归于学生的生活，并通过相应的课程和社会实践发挥学生的创造力和主动性，树立学生正确的价值观、人生观。开发德育校本课程从形式上看是"以校为本"，但其主要内容和核心思想还是"以学生为本"。第二，德育校本课程的开发不能脱离现实，要从学生的实际出发，发现问题、提出问题并解决问题。教师在德育活动中，应关注学生的道德情感，参与学生的道德体验。在德育校本课程的主题、内容的设置上要联系学生的生活实际；在实际的实施过程中，要允许学生广泛参与并鼓励学生大胆动手深入实践。学校德育工作者应将学生当作具有发展性个体，要以培养学生健全的人格，促进学生全面健康和谐的发展为目的。第三，强调以学生发展为本，并不是说将教师放在次要地位，而是要求在德育校本开发的过程中不能忽略学生发展这一要素。学生与教师在德育过程中应该是双边关系而不是"传授—接收"式的单一关系，他们在德育课程开发的过程中应该相互促进，共同进步。

2. 坚持以教师为主体的开发思路

教师在德育校本课程的开发中起着主导的作用。在学校，教师与学生朝夕相处，最了解学生的是教师，和学生打交道最多的还是教师。学校是德育教学研究的主阵地，教师是德育研究的主力军。教学研究的目的是促进师生共同发展，以德育教师为主体就必须要求学校赋予初中德育教师课程开发的权力。就当前我国实际情况来看，在学校中一般没有专门研究德育校本课程的部门和专职教师，参与德育校本课程开发的教师大部分都是学校里的德育工作者。为了鼓励教师积极参与到德育校本课程的开发中，可以建立一定的奖励机制，适时恰当地解除教师开发校本课程的后顾之忧。学校在给予教师足够的空间，让教师能够充分发挥自己的才能与特色的同时应该多提供一些培训机会，提高教师的专业素养。学校里有了优秀的教师队伍能更好地发挥教师在初中德育校本课程开发的作用。而高水平、高素质的课程教师在一定程度上依托于学校与地方政府的培养，如聘请专家团队培训、成立教师课程小组等都是帮助培养课程教师的有效途径。当然，教师本身也应该有作为主体参与开发的自觉性，积极进取、努力探索，更好地开发初中德育校本课程。在德育校本课程的开发过程中应该正确处理好专家、校长、学生、社区人员的关系，要充分发挥社会资源和学校资源的作用，使他们都可以参与到德育校本课程的开发之中。德育校本课程开发教师不仅仅需要加强与其他教师的沟通，也应该吸取各种力量加入其中，不断地和他们交流，博采众家之长，汲取别人的经验和意见，完善德育校本课程的内容。

第六章 初中德育教学管理中的资源整合

本书的中篇立足探讨初中德育教学内容问题。在阐述初中德育教科书的内容选择与价值追求，初中"道德与法治"德育生活性教学分析，以及语文、数学、英语、物理、化学等各学科教学的德育渗透的基础上，本章主要探讨初中德育教学内容的整合，重点阐述心理咨询、校史资源在初中德育中的运用和德育活动的有效实践，进一步完善初中德育教学内容。

第一节 心理咨询在初中德育中的运用

20世纪80年代初，有关心理咨询与心理治疗的研究陆续在我国得到发展，并且逐步壮大。在初中设置心理咨询部门，有助于推动心理健康教育，同时为德育的发展起到了推动的作用。现如今，以心理咨询为切入点进行德育已经成为教育界关注的热点、难点，更是重点。本节通过探讨心理咨询在初中德育中的作用及实现路径，目的在于帮助德育工作者更好地认识学生的道德问题和心理问题，将心理咨询的理论和方法融入德育过程，开拓更多德育方法，从而提高德育的实效性。

一、心理咨询的德育功能

（一）心理咨询对德育的引导功能

1. 引导学生树立正确的生活态度

心理咨询的目的之一就是希望帮助求助者树立积极乐观的生活态度，

以正确的三观去面对现实生活。这就和德育中希望受教育者树立正确的理想信念有相似之处，心理咨询可以通过引导学生树立正确的态度来使德育达到树立正确的理想信念的目的。在初中生的成长过程中，社会及学校的生活环境的好坏对他们的成长起着重要的作用。然而，随着时代的改变，人们的价值观、人生观也在不断地发生变化，在变化的同时难免会受如拜金主义、享乐主义、读书无用论等思想和一些不良的社会风气等消极因素的影响，使他们的思想产生偏离。面对这类学生，教师必须从根源着手，即从根本上改变学生的错误观念。作为德育工作者，要处理好学生问题，必须深入学生内心，了解他们的所思所想，这样能对症下药。而这一切，都需要心理咨询相关理论和技术给予学生正确并且积极乐观的引导，有了这些正确的引导，使学生自己去领悟正确的生活态度，能自觉摒弃庸俗的生活方式和生活态度。

2.引导学生构建良好的道德情感

道德情感是情感的一种高级形式，根据其内容可以划分为公正感、责任感、义务感、自尊感、羞耻感、友谊感、荣誉感、集体主义感、爱国主义感等。培养学生良好的道德情感是德育的目的，即通过有效的心理咨询手段，纠正学生不当的道德情感，能帮助德育工作者使得学生以明确的目的、饱满的热情投入德育中，充分培育他们的道德情感，进而为德育工作取得实效提供了良好的心理条件。引导学生构建良好的道德情感尤其重要，心理咨询的相关研究表明：积极的、肯定的情感及移情能力有助于学生亲社会行为的养成和提高，对道德行为起着推动的作用，即积极的情感能使学生产生积极的社会行为；消极的情感能减弱人的活力，抑制人的行为。

通过心理咨询，可以帮助学生构建道德情感。由于情感是在认识的基础上产生的，道德情感则是在道德认识的基础上产生的，并随道德认识发展而发展。一般说来，只有对某一道德规范认识深刻，对某一类道德概念掌握牢固，才有可能在此基础上产生丰富的心向往之的道德情感，这正所谓"知之深，爱之切"。

（二）心理咨询对德育的调节功能

1.对学生个体行为的调节作用

行为，即在一定的社会环境中，在人意识的支配下，表现出的外在的活动结果。首先，行为的主体是人。行为的发生是人意识支配的结果，具有一定的目的性、方向性及预见性；其次，行为总是与周围一定的客体相联系，作用于一定的对象，其结果具有两面性，行为结果的好坏与行为的动机、目的有一定的内在联系；最后，由于行为受个人意识的支配，所以行为具有可调节性，受思维、意志及情感等心理活动的调节。以上三个方面决定了德育工作者可以利用心理咨询对学生不良行为进行调节。初中生作为客观存在的人，也是行为的主体，并且在现实生活中，这一主体的许多行为出现了与社会要求不相符的现象，但是又由于行为具有可调节性的特点，并且受思维、意志及情感等心理活动的调节，这就决定了心理咨询对于初中生的个体行为的调节可以发挥作用，使初中阶段出现的违背社会要求的行为转化为符合要求的道德行为。例如，可以利用心理咨询技术如谈话、问卷、测量等形式，了解学生的思维活动，帮助学生形成坚强的意志、丰富的道德情感，从而养成良好的道德行为。

2.对师生关系的调节作用

所谓"亲其师，信其道"，讲的就是与教师关系良好，才能与教师之间建立更好的学习关系，才会更愿意接受教师所传授的知识。由此可见，师生关系是否和谐在教育过程中十分重要。德育是一种更甚于知识传播的教育，所以在德育过程中，师生关系是否融洽显得尤为重要。而师生关系融洽的前提是了解学生，要想了解学生，首先必须从学生的心理活动着手。在此，心理咨询的相关理论和原理能发挥不可替代的作用。首先，教师可以根据心理咨询的相关理论了解学生的认知发展特点。如根据让·皮亚杰（Jean Piaget）的认知发展理论可知，初中生年龄一般在12~15岁，此年龄阶段的学生其智力发展正处于形式运算阶段，处于此阶段的学生的认知水平又比具体运算阶段的学生具有更大的发展潜能，教师针对初中生开展德育工作的时候应根据这一阶段学生的认知水平而采取有针对性的教育，应与前几个阶段的学生的教育方法加以区别，而且应更加深入。其次，教师可以根据心理学相关理论了解此阶段学生的心理特征，如可根据发展心理学，结合学生的实际情况，了解学生心理发展在此阶段的特征，从而有针对性地进行德育。最后，教师可以根据心理咨询的相关技能，掌握与学生沟通交往的技巧，增强师生感情，因为一切教育的基础都是建立在良好的师生关系之上的。师生关系好坏关系整个教学过程的成效。以笔者为例，更多的时候学生会因为喜欢一个教师，而爱屋及乌地喜欢他教的这门课，甚至对这位教师的言行也极力模仿，由此带来的教学效果就可想而知了。综上所述，建立良好的师生关系更多地有赖于教师自身观念的更新和素质的提高、有赖于教师对学生无微不至的爱和了解。而这一切都依赖于心理咨询来帮助教师走进学生的内心深处。

（三）心理咨询对德育的补偿功能

1.心理咨询优化德育方法

传统的初中的德育方法一方面以教师为主导的单方面的正面灌输、说服教育法、批评教育法等教育方法为主，这些方法在一定程度上可以达到提高学生思想认识的作用，但在具体实施时，效果往往治标不治本，无法真正达到使学生提升自身思想认识的目的；另一方面，德育在进行教学的时候，往往是采取集体教育为主，个别教育为辅，忽视学生自身已有的认知水平和发展规律。相反，心理咨询在方法上主要采取如测量、问卷、访谈、训练、精神分析法、行为疗法、人本主义疗法、认知疗法、催眠法等，甚至必要时采取适量的药物进行辅助治疗，较少涉及价值判断。此外，心理咨询针对个人，以个别辅导为主，集体辅导为辅，在进行个别辅导时，采取认知疗法，重视当事人自身发现问题并且认识问题，并且寻求解决问题的途径。通过两者在教育方法和教学组织形式的对比中可以发现，心理咨询无论是在教育方法还是在教学组织形式上，都更加注重学生个体的发展。例如，在教学方法上，心理咨询采用的问卷法、访谈法等都是通过事先把握学生的心理状态和思想水平，从而对教育对象在认知、情感、意志、行为等不同方面施加影响，增添了个性化色彩，从而达到教育目的。

2.心理咨询丰富德育内容

传统的初中德育内容，主要包括五个内容：一是道德教育，包括社会公德、环境道德和家庭美德教育；二是法纪教育，包括法制教育和纪律教育；

三是心理健康教育，包括青春期卫生常识教育、青春期心理教育、交往心理教育等；四是思想教育，包括世界观、人生观和价值观教育；五是政治教育，包括爱国主义教育、集体主义教育和中国特色社会主义教育。从现有的德育内容可以看出，德育有两种功能：一是满足社会需要的功能；二是满足个体需要的功能。从德育的五大内容来看，有四点是为了满足社会需求，而只有心理健康教育是为了满足个体的需求。由此可见，传统的德育内容注重满足社会需求，片面强调社会规范，没有真正从学生的心理实际需要出发。此外，虽然德育内容有心理健康教育这一内容，但教师通常只注重道德教育和政治教育这两部分，在涉及心理健康教育的时候，一方面教师所讲的内容极为片面，另一方面由于学生本身处于青春期，特别对于刚刚开始发育的学生来说，很多青春期问题羞于启齿，再加上教师没有及时地进行引导，使得心理健康教育并没有真正发挥作用。相反，心理咨询可以丰富德育的内容，使得德育工作的开展建立在尊重、理解学生的基础上，设身处地为学生着想。面对心理健康教育方面，教师先要端正自身的思想，引导学生正确看待青春期发育的问题，弥补传统德育只注重思想不注重心理的不足，使得德育内容更细致、更有科学性。

（四）心理咨询对德育的动力功能

1. 心理咨询推动学生身心素质的发展

初中阶段的学生年龄一般在 12~15 岁，属于青年期，是童年和成年之间的一个发展过渡期。青年期始于青春期，个体在此期间达到性成熟，并且具有了生殖能力，男性和女性在此期间会发生一系列的生理变化，生理的变化常常会带来心理的变化。所以，这一时期也叫作危险期，如果教育不当，就会产生一些问题，表现为身体上、心理上或社会上的一些问题。从身体上来说，如营养失调而导致的肥胖症、厌食症等；从心理上来说，表现为对身体急剧变化而产生的恐惧感、焦虑，甚至以自我中心；从社会的角度来看，青少年的犯罪、药物滥用、抽烟酗酒等都会给社会带来诸多不良的影响。[①] 在此期间，德育工作者若只运用德育的方法如批评、惩罚等来解决这些存在的问题，显然是不够的。心理咨询可以采用一对一的方

---

① 张厚粲. 大学心理学 [M]. 北京：北京师范大学出版社，2001.

法，采用倾听、接受、共感等方式，而不是批评指示、约束、强制地进行教育，从而建立起相互信赖的关系，相信问题学生的成长及自我解决问题的能力。总的来说，心理咨询提供了许多值得借鉴的方法，这些方法在学生成长的过程中，发挥着积极的作用，能增强学生学习的积极性和主动性，帮助学生树立自信心，发展良好的人际关系，以及正确认识和对待自己的情绪变化，推动学生身心素质健康发展。

2. 心理咨询提升德育工作者综合能力

德育工作者所掌握的知识及能力素质好坏，在一定程度上对德育工作的成败起着决定作用。作为德育工作者，一方面的责任是教书，但更重要的责任便是育人。教书育人说来简单，做起来却很难，要想做好更是难上加难。这就要求德育工作者必须具备高超的综合能力，这些能力包括组织管理能力、信息能力、综合表达能力等。当然以上所涉及的能力都非常重要，但咨询能力的重要性更是无可替代的。一方面，是因为德育工作者服务的对象是学生，尤其是初中阶段的学生，处于是处于童年和成年之间的一个发展过渡期，即青春期，也叫危险期，会出现一系列的身心问题，如果德育工作者不懂得心理咨询的相关知识，是无法正确处理学生出现的各种各样的不良问题的。另一方面，处于不同年龄阶段的学生有不同的认知能力、情感态度及价值观，德育工作者要掌握青年期阶段学生的身心发展规律，根据不同的学生的个性特点，实施不同的德育方法，也就是做到因材施教，如果不懂得心理学的相关知识，就只会盲目地采取传统的德育方法对学生进行教育，效果往往会适得其反。将心理咨询运用到德育中，可以促进德育工作者学习心理咨询相关知识，从而提升自身的综合能力，以达到更好的教育目的。

二、运用心理咨询技术完善初中德育

（一）运用"新型"教导技术弥补德育方法的不足

"教导"是认知理论所采取的一种心理咨询的技术，是为了让来访者学习、掌握理性情绪治疗理论的基本知识，因为理性情绪治疗理论强调来访者在实现自己的改变之前，必须首先学会该理论的基本观点，了解人的思想是如何与情绪和行为相联系的。[1]"教导"技术又包括六种方法，分别是了解人的认知方式、认识不恰当的观念、添白、距离化、去中心化及对判断的验证。"了解人的认知方式"，在心理咨询中，是指咨询者要帮助来访者鉴别和改正来访者的认知错误，首先需要让来访者掌握知识的本质、知识的适用范围及评判尺度。[2]这是因为任何一个人对输入信息的解释都是依赖于自身的认知过程，而人在这一认知过程中是容易犯错误的，一些生理的、心理的过程会影响和改变人对现实的知觉和解释。而咨询者通过了解人的认知方式，引导来访者对认知的结果进行检验假设，并从可供取舍的假设中做出正确的选择。在德育过程中，要想学生真正改正自己的不良行为习惯，纯粹的教导是无法改变的，只会让学生更加厌烦。教师让学生自我认识到自己的认知，以及对错误认知结构有一个合理的假设，能避免下次再犯错误。

"认识不恰当的观念"，在心理咨询中是指人都有回避令人紧张情形的倾向，如果人们总是与那些有威胁性的情形保持距离，未必能清楚地意识到那些潜在的、可以广泛影响自己行为、体验的非理性观念。[3]此时，咨询者可以设置情景，使来访者被迫处于这种情景或者想象自己处于这种情景时，那种非理性的观念就会极为活跃，此时咨询者给以正确指导，来访者就可以比较容易地证实这些非理性的观念。在德育过程中，大部分同学都是正常的学生，极少出现不良行为甚至违法行为。虽然现在未出现，但很难保将来不会出现，德育工作者可以针对这一学生群体，设置情景，使学生处于一种紧张情形的状态，再加以正确引导，让学生认识自身的不理性观念，从而避免不良行为的发生。

"添白"，在心理咨询中是指帮助来访者认识那些潜在的非理性观念的一个基本程序，是训练来访者去观察真实事件的后果，以及自己对此作出的反应。[4]因为在人受到刺激和人的情绪反应之间存在着观念的空白，而这空白中存在部分非理性的观念，只是没有被意识到，如果来访者回忆

① 于鲁文.心理咨询导论 [M]. 北京：清华大学出版社，2000.

② 于鲁文.心理咨询导论 [M]. 北京：清华大学出版社，2000.

③ 于鲁文.心理咨询导论 [M]. 北京：清华大学出版社，2000.

④ 于鲁文.心理咨询导论 [M]. 北京：清华大学出版社，2000.

起那部分空白的观念，情绪的烦恼就可以被理解了。咨询者的工作就在于帮助、训练来访者把空白部分的观念潜出水面，就能更好地理解产生不好情绪的原因。在德育过程中，当德育工作者面对部分情绪失控的学生时，便可以借鉴"添白"这一方法，找出学生空白部分非理性的观念，也就能找到学生情绪失控的原因，从而有针对性地解决问题。

"距离化"，在心理咨询中是指来访者学会真实客观地认识非理性观念的过程。[①]例如，在使用罗夏墨迹测验的时候，来访者认为咨询者所描绘的墨迹图与他们凭空想象的情景几乎完全一样。如果来访者在经过治疗之后，能够从这种"完全一样"的观念中摆脱出来，认识到这种刺激仅仅是一种墨迹，而不是真实的，就可以认为来访者与这种墨迹实现了"距离化"。采取类似的方法，来访者可以在咨询者的指导下掌握这种距离化的能力，即使来访者认识到他的潜在的观念只是一种心理现象，而不是客观存在，与现实是有距离的，不能作为客观事实加以接受。在德育过程中，德育工作者在面对患有妄想症等症状的学生时，可以借鉴这一方法。帮助学生认识潜在的观念，从而避免学生产生各种各样的行为问题。

"去中心化"，在心理咨询中是指有些来访者常常倾向于把自己置于事件的中心，并做出错误的推论，尽管这些事与他们没有任何的因果关系。[②]因此，咨询者要帮助、指导来访者摆脱这种把自己视为各种事件的中心的认知模式，称为"去中心化"。

"对判断的验证"，在心理咨询中是指来访者总是把自己的观念视为外部世界的真实缩影，认为自己的判断就是真实的、准确的，因此那些缺乏逻辑关系、跳跃式地做出的独断的、过分的概括的判断，就会被他们作为正确的结论加以接受。[③]此时，咨询者必须和来访者共同运用某些准则来对来访者的判断或推论加以验证，并且让来访者掌握这些准则。在验证的过程中，通常用的方法有质疑、夸张、逻辑判断等。在初中学生群体中，学生的判断力还不强，往往被社会中的不良价值观等所左右，德育工作者通过掌握对判断验证的方法，帮助学生提高判断是非的能力。

[①]　于鲁文 . 心理咨询导论 [M]. 北京：清华大学出版社，2000.

[②]　于鲁文 . 心理咨询导论 [M]. 北京：清华大学出版社，2000.

[③]　于鲁文 . 心理咨询导论 [M]. 北京：清华大学出版社，2000.

总的来说，教导的技术无论是在咨询过程中还是德育过程中，运用起来具有灵活性的特点，德育工作者可根据学生的现实情况，选择一种或多种适合的方法对学生进行教导。

（二）运用行为评价技术原则完善德育评价的不足

行为评价技术是行为主义所采取的一种咨询的技术。行为主义咨询者非常强调对来访者的行为进行评价，因为可以了解来访者的主要问题，以及确立咨询的目标，甚至可以衡量咨询效果。初中德育评价中，德育通常以教师的训导和传递为主，主要强调知识的学习，导致在德育评价上往往以分取人：学习成绩好，便被老师和家长视为"好学生"；学习成绩差，便被看作"差学生"。在评价方法上，教师的评语评价是最常见的，也是最基本的评价方式，但这种评价方式也存在一定的局限性。因此，有必要借鉴心理咨询中的行为评价技术，来完善德育评价的不足。在此，主要介绍如何借鉴行为评价技术的原则来完善初中德育评价体系。行为评价技术要遵循的原则有八个，分别是评价与咨询始终相伴、评价要对行为事件作出详尽分析、强调量化、重视个体差异、强调对明显事件的评价、强调在真实情境下对行为进行观察，以及评价程序的改进。德育主要借鉴其中的六个原则，分别是评价要对行为事件作出详尽分析、强调量化、重视当前环境中的诱发因素、重视个体差异、强调对明显事件的评价，以及强调在真实情境下对行为进行观察。

评价要对行为事件作出详尽分析，在心理咨询中是指对先行的行为事件和作为结果的行为必须予以明确区分或者界定。[1]如分析行为事件的环境因素等，从多个方面分析某种行为发生的原因。在德育评价中，面对学生的不良行为的时候也应如此，不能仅仅就认为学生的品德有问题，而应从学生所处的家庭及社会环境出发，发现学生产生行为问题的原因，不轻易判定学生为"不良"学生。

强调量化，在心理咨询中是指评价除要了解行为的起因以外，还有必要了解该行为产生的频率、持续的时间及其与其他行为之间的联系。[2]这样

---

[1] 于鲁文.心理咨询导论 [M].北京：清华大学出版社，2000.

[2] 于鲁文.心理咨询导论 [M].北京：清华大学出版社，2000.

做的好处不仅在于咨询者了解来访者的行为习惯，还更有利于咨询者为来访者提供有效的信息反馈，以此提高来访者的自我了解能力。在德育评价中，对学生的评价全凭教师的主观意见，缺乏科学性，甚至有些评价学生无法赞同。如果教师在平时的日常生活中经常留意班上同学的表现，加入量化的评价，那么就会使评价更具说服力。评价的主要目的就是给学生反馈，从而提高学生了解自我的能力，对教师的评价做到有则改之，无则加勉。

重视个体差异，在心理咨询中是指咨询的目标、程序要与来访者独特的行为模式和生活环境相对应，以适应来访者独特的需要。在初中德育评价中，往往会出现一种现象，就是教师对班级上所有学生的评价都几乎是类似的，甚至就是名字不一样，其他都雷同。这样的评价方式一方面是教师极其不负责任的表现，另一方面也是教师在对学生进行评价时忽略了学生的个体差异。

强调对明显事件的评价，在心理咨询中是指评价那些可以被他人真实观察到的事实，而不是推论的产物。对于那些无法观察到的，靠推理产生的行为，如情绪、态度、冲动、需要、内心冲突等，在任何时候都是被行为主义者所回避的。在德育评价的过程中，某些同学可能会因为某件行为，对教师的印象特别深刻，这种行为可以是好的，也可以是不好的，教师对好的行为的评价可以鼓励学生更多地出现类似好的行为，对不好的行为进行评价可以让学生及时改正。此外，对某一明显事件进行评价也可以增加学生对评价的认同感，从而更好地让学生通过教师的评价了解自己。

强调在真实情境下对行为进行观察，在心理咨询中可以揭示那些在与来访者交谈中被掩盖的行为，或者来访者陈述不清的行为，或者那些在实验室无法观察到的行为。在德育评价过程中，教师不能根据平时与学生的谈话等来了解学生的品德，从而对其进行评价，也不能仅仅从其他同学对其的评价而对评价对象进行轻易的评价，应该在真实的学校生活中，充分观察了解，将他评与自己观察到的行为结合起来，从而进行评价，这样的评价结果更具科学性。

总体来说，学校德育工作者在进行学生评价时，必须根据现实情况，从而遵循正确的原则，避免评价结果的主观性。

第二节 校史资源在初中德育中的运用

在德育研究与德育实践中，运用怎样的资源、怎样运用资源是不可避免的问题。校史资源作为一所学校办学历史上特有的资源，具备教育功能、文化功能、宣传功能、休闲功能，相比其他资源，对本校学生而言具有特殊性、亲切性，能更好地发挥其教育功能与文化功能。研究表明，校史资源对于促进德育目标实现具有显著效果，在政治教育中效果最为明显，尤其在国家观、政党观、阶级观、民族观、民主观、权利观中效果显著。本节主要探讨校史资源在初中德育工作中运用的策略要求。

一、隐性与显性结合催生情感

所谓隐性教育，就是紧紧围绕德育目标，按照预定的教育内容和方案，隐藏教育主题和教育目的，淡化学生的角色意识，将教育内容渗透到学生的日常生活中，引导学生去感受和体味，潜移默化地接受预先所设定教育内容的一种教育方法。如校园文化环境中运用校史资源，在学生的校服中、作业本中运用校徽、"一训三风"等校史资源，让学生默默感受校园的悠久历史与红色基因。

所谓显性教育，就是围绕德育目标，以课堂为主要依托，以专题教育、主题讨论等形式进行，具有集中组织、目的明确、有一定强制性等特点。在学生已经每天接受隐性教育的前提下，在课堂上进行显性教育，可以让二者互为补充、互相促进。例如，在课堂上的导入、探究材料、情感升华中运用学校办学历程与校友事迹，达到与校园环境互相呼应的效果，从而强化学生爱校、爱党、爱国、爱人民的情感。

二、"引进来"与"走出去"并用开阔视野

校史资源运用在初中德育工作时，活动育人也分为两种类型，一种是"引进来"，如将知名校友请回学校为师生讲座，这能够增加学生提升认知水平的渠道，增加学生对学校的认同感。另一种，如与各界知名校友、与姊妹校的交流，属于"走出去"，这能够开阔学生眼界，通过校友对学校的回忆与校友本身的影响力，增加德育教育中的细节与现实感受，从而增加学生对学校的亲近感。如在学校优秀学生代表"走出去"采访知名校友许渊冲的过程中，面对许先生积淀一生的智慧与风度，听先生谈起自己在学校教书时、自己在西南联大学习时的感受，无须多言，其实就是对学生立志、努力最好的教育。

三、过去与现在对比树立自信

校史精神不仅存在于过去，它还是在顺应社会发展和时代进步中被传承、被更新的，在德育工作中运用校史资源不能就只选取历史上的素材而忽视学生所面对的现实，而应将过去与现在有机结合，在过去找寻精神根基，在现在感受精神的传承。将学生现在所面临的现实与过去进行对比，以时间线条进行梳理，不仅能让学生更好地理解校史精神，同时能够感受到校史精神，更深刻地体会到中华优秀传统文化的源远流长，获得文化传承的自豪感。

四、对话与自省共存深化认知

对话与自省主要体现在校史资源运用于德育工作交流的过程中。对话可以发生在课堂中，以师生对话的方式存在；可以发生在讲座、对外交流中，以校友对话的方式存在；可以发生在校史讲解中，以生生对话的方式存在。课堂中的师生对话、讲座中的校友对话、校史讲解中的生生对话，意味着课堂、讲座与讲解中有着民主、尊重、自由的氛围，这不仅体现了民主治校、自由教学、兼收并容的办学精神，加上对话这种方法本身能够激发学生自主思考的活力与求真务实的动力，对德育目标的达成也具有良好的效

果。学生的自省可以安排在对话之后，可以是课堂上、讲座中、讲解中的短时间自省，也可以是课堂、讲座与讲解后的长时间自省。在自省过程中，深化学生对校史的感悟，同时能够在思考中升华学生的价值认同。

五、认知与行为相辅外化于行

行为是认知的外化。德育教育的重要目标之一就是要将德育认知转化为德育行为。在本次研究之中，隐性与显性结合、"引进来"与"走出去"、过去与现在对比、对话与自省共存的最终落脚点是学生德育行为的外化。德育教育不仅要内化于心，也要外化于行。学生在校园内的大部分时间是在课堂之中，课堂受场地、形式、对象的限制，使学生虽然在认知上能够有所成长，但是在德育行为上却没有更多的时间与空间进行实践。因此，重视学生在课外，尤其是校园外，发生在不同场景之中的德育行为要求、记录与反馈，也是校史资源运用在初中德育工作中的策略要求。

第三节　德育活动的有效实践

新课程改革强调与生活的联系，注重学生的体验，增强学习内容本身的吸引力。德育内容不能仅仅是枯燥的教条规则，还应从生活实践中提取，最终落实到生活实践中去。德育活动可设计与社会生活密切联系的内容，进一步优化德育课程。德育活动课程化可以保持德育内容与社会现实的联系性，引导学生获得一定的道德体验，实现德育活动实践目的。

一、德育活动课程化的意义

（一）有利于优化德育资源

从"大课程"观来看，德育活动本身就是德育资源中的一部分，但实际工作中容易被忽视。传统德育以学科德育课程为主，课堂时间四十五分钟，课本内容有限，时间有限。德育活动课程化可以有效利用晨夕会、班会课等时间。德育活动通过课程化编排，去除价值不合理的主题、内容及活动，替之以合理部分，规范内容与过程，依据德育课程目标来构架，这样既可以达到与学科课程相互补充的目的，也可以使德育活动课程具有自身的逻辑性和课程体系，并改变目前许多学校德育活动课程开设的随意性。这一过程也避免了师生在这些方面消耗宝贵的时间，浪费财力和物力等德育资源。

按照空间分布，可以分为校内德育资源、校外德育资源。德育活动课程化的过程中，应有效地利用活动资源，充分利用课堂外的时间、地点，充分育人。

（二）有利于学生主体作用的发挥

德育活动从学生兴趣的需要出发，在活动中为学生提供道德实践的机会，使他们在实践中借助于自己的主观能动性和智慧，努力探索，在活动中不断强化道德认识，培养道德情感，促进自身品德的发展。这充分体现了对学生主体的尊重，体现了德育工作的人本化特征。

（三）有利于落实德育实效

德育活动课程化，有利于培养学生德育实践能力。德育实践能力的培养需要学生运用道德认知、道德观念，规范基本行为。在活动中，学生有机会提升认识、分析、解决多种复杂的、具体的、现实的道德问题的能力。学生能够在明确的活动目标上，践行德育内容。德育活动课程化致力于解决的现实问题。学校既然是有目的、有计划地系统实施道德学习的场所，也可以通过课程化的活动设置，实现对个体道德发展的有效推动。活动内容设计在教育目标的指导下，基于学生实际和社会生活的需要，从整体上设计德育主题，以课程的内在逻辑衔接前后德育活动，使之形成系列。

二、德育活动课程化实践路径

（一）单个活动规范化

单个活动规范化，是要把随意、低效的德育活动进行合理设计，纳入课程体系当中，让活动开展有明确的课程目标、课程内容及具体形式。活动德育与学科德育同样承载着培养学生道德品质、思想教育的重要作用。以课程统领学校德育活动，进行系统建构，经过系统探索，学校将形成自己的德育活动课程化一般操作模式，形成动态的校园文化，让学生在规范化的德育活动课程中践行，收获成长。

1. 目标内容具体化

2017年8月，教育部印发了《中小学德育工作指南》（以下简称《指南》），这一文本对新时期德育工作给出了相关指导意见。《指南》对德育总体目标做出细致分段，小学、初中、高中都明确了不同的要求，每个阶段的目标比较详尽、细致，囊括各个方面，例如政治思想上爱党爱国家，道德品质、法律意识及人格与心理品质等。学校德育活动目标设计可以参照相关文件，结合特定年段学生需求，遵循道德发展规律，分层次地明确各个年段需要解决的道德问题。对于不同主题德育活动，学校初步制定整体目标后，家长、学生可以进行意见反馈，从而可以发现教师、家长要求与学生自身发展需要与理解能力之间的差异，再对目标进行调整、完善。对于同一主题，各个年级师生对目标设置可能出现重复，学校可进行再调整，确定分年级育人目标，注重层级性，使三个年级德育目标具体化，可操作。

依据初一年级学生的身心阶段分析，可以把初一年级上学年的德育主题定位为"迈好中学第一步"，具体德育目标可以细化为四个部分。在思想政治上，初步具有热爱祖国的朴素的思想感情，具体可以落实在升旗仪式、国庆节等活动中。要求学生热爱班级，有集体意识，积极为集体做好事，爱学校，爱家乡等；在道德行为上，践行中学生日常行为规范，尊师爱友，关心、帮助他人，逐步形成热爱劳动，勤劳节俭等美德；在个性培养上，初步形成诚实勇敢，有责任心的品质，培养积极向上的兴趣爱好；在学习方法上，初步具有良好态度，自觉自律，克服自身惰性，有执行力，讲究效率，学会学习，学会合作。教导学生预习、复习，珍惜时间，按时完成学习任务，能够独立完成作业。初一年级下学期德育活动目标则是对上学期的强化巩固，保持德育内容一致连贯并逐渐深入。下学期继续对日常行为规范做出严格要求，引导其养成正确的行为习惯，强化道德意志。下学期可逐渐渗透政治思想教育，初步的社会主义理想教育，了解国家相关政策，关注时事，有社会责任感；在个性品质上，强调文明礼仪，弘扬中华民族传统美德，能明辨是非；适时引入人际关系教育，引领学生学会沟通、分享，积极表现自己并能够欣赏他人。

初二年级是承前启后、至关重要的过渡阶段。这一时期可塑性强，应认真关注，把握这一"关键期"。上学期德育活动在政治思想方面要求学生逐渐树立公民意识，明确自己的身份，以及在不同社会环境下所扮演的角色，承担相应的社会责任感。这一时期，可以让学生了解共青团，培养学生积极向上的心态，培养为人民服务的服务意识与奉献精神。促使学生主动要求入团，并在行动中严格要求自己。道德行为方面，要求学生具有责任心和义务感，形成先人后己的思想品德，积极参加志愿服务、公益劳动等。造个性品质方面，逐步形成自尊自爱、自信自强的心理品质，自信大方地交朋友，引导男女生之间正常交往。在学习方面，讲究效率，积极思考，勇于创新。下学期逐渐渗透法律法规观念，对国家法律政策有一定了解，将自己与国家联系起来，做一个正直之人，培养抵制不良影响的能力。道德行为上要使学生懂得感恩，无论对待父母或者教师、朋友，有同理心，不欺负弱小。在心理上要使学生克服自卑心理，大胆自信表现自己。在学习态度方法上特别注意学生责信意识的培养，拒绝舞弊，能够正确对待网络，做到文明上网，拒绝诱惑。

初三年级上学期德育活动目标在政治思想方面，要求学生树立远大目标，志存高远，并脚踏实地，能够意识到自身与国家的紧密联系，关注时事热点，做好职业规划，重视升学，对自己负责。在道德品质上能够尝试分析社会现象。在个性心理上培养顽强拼搏的意志，有较强的家庭、社会责任感，形成自我调节能力。在学习上，指导学生认真备考，形成良好的思维品质，做好职业规划，能自觉认识到学习的重要性，充满斗志与热情。初三下学期德育活动目标，在思想政治上要树立大局观念，能够把自己与国家、社会联系起来，把现在与未来联系起来。这一时期，要培养学生正确的世界观，人生观，能够保持积极向上的动力。在学习上，能够做到自律自强、能够自我管理、自我勉励，保持学习动力。在个性品质上，提高心理弹性与心理素质，能够"耐压""抗挫"，正确面对理想与现实的关系，学会放松，保持理智。在学习态度方法上，正确处理竞争与合作的关系，个人、集体之间的关系，学会取长补短，保持学习动力与上进心。

2.活动类型多样化

一般来讲，德育活动以班会、晨夕会等常规模式呈现，在前面文献综述和学校调研中了解到许多类型丰富的新型活动。在这里，把这些活动进行汇总分类为五大类型，每种类型又包含若干子类型，教师针对不同德育主题和不同年龄层次学生选择适用，可以继续探索多样活动形式。

第一类：传统常规型

1.以养成为主的德育活动。这类活动目标在于行为习惯的养成，如学校的一些常规活动，班会、晨夕会、座谈会、报告动员会、总结会等。作为正统德育的主要渠道，这些活动切入口小，能够以班级某些学生、事件作为导入，针对性强，能够直击问题。常规活动很容易与德育内容结合起来，操作简单，涵盖内容各个方面，如爱国之情、责任感培养等，但在活动方式上需要有新意，来吸引学生。

2.以仪式形式呈现的德育活动。如升旗仪式、开学典礼、成人礼、党团活动、干部竞选等。这类活动借助特定的时间、背景，结合学生的年龄特点，针对性强，容易被学生的接纳和认同。

第二类：认知学习型

1.学科竞赛类。这类活动以学科为组织形式。借助学科教育开展相关活动是具有双重效用的，既可以完成学科教学的任务，又能在学科渗透中达到育人效果。例如，语文课上的演讲、辩论、作文比赛，英语课上的单词拼写竞赛等。

2.信息交流类。如以人的认知为导向，学校组织的读书沙龙、时事热点讨论、科学宣传普及等。这类活动有信息输入与输出的过程，对学生能力有一定要求。需要培养学生对时事热点等相关德育主题的兴趣，激发学生的求知欲。在交流过程中，让学生搜集、整理相关信息，培养其分析问题的能力，看待问题有辩证思维，学会交流与分享。

第三类：社会实践型

1.参观展览类。这类活动以进入当地博物馆、历史纪念馆、大学校园、政府机关，甚至企业工厂、综合实践基地开展研学为途径，走出校门，外出参观。这类活动不仅仅是走马观花，在开阔视野、陶冶情操的过程中，需要明确此行目的，总结收获，分享交流。如在参与社会调查时，可以让学生了解未来职业素质要求，为公共生活、未来职业选择及理想培养做准备。

2.公益服务类。这类活动要求学生进入社区敬老院、孤儿院等，进行公益劳动或做志愿活动，培养服务精神和公民意识，并将其内化于心，外化于行。

第四类：娱乐游戏型

1.才艺展示类。这类活动以才艺展示为主，如学校中的才艺会演、社团活动、比赛等。这类活动一方面是对学生学习生活的放松调剂，另一方面可以培养审美能力，陶冶情感。特别是对于一些在学习成绩上不够突出的孩子，在这些活动中有机会得到展示，增强自信心，把自信心转移到其他方面，学会欣赏别人等。

2.团体游戏类。这类活动以人生课题为基础，形式多样，内容涉及面较广。如团体辅导、亲子活动等。这类活动以心理学揭示的青少年心理结构为依据来组织相应的活动，使学生有自我完善的意识，形成竞争、协作意识和良好人际关系，更好地适应社会。活动组织方式灵活多样、针对性强，比较受学生喜欢，接受度高。

第五类：锻炼生存类。这类活动包括模体育锻炼、军事训练、紧急疏散、情境教育、远足野营、火灾地震急救等必备技能操作活动，以及生存训练营等活动，关注学生的健康成长，提高自我保护意识和生存能力。在模拟实战基地做好意志锻炼与性格塑造，强化公民技能，预防可能危险，以长远眼光助力成长。

（二）多个活动的系列化开发

多个活动系列化，是教育者基于对学生年龄阶段的划分，对活动经验的总结，通过系列化的设计，将原本零散活动整理为成组成套的序列活动。系列化是动态的过程，保持活动育人效果的连贯一致性，其目标与结果是使得德育活动具有系统性。

本书中"系列化"从学生与活动两个角度出发，划分为纵向与横向两个维度。横向上，对同一年龄层次的学生，应基于不同的主题，全面丰富学生的人生观。在纵向上，对于不同年龄层次的学生，需要根据不同年级学生道德发展阶段的不同确定道德目标，选择道德内容。纵向设计的另一个依据是知识结构的层次。选择德育内容时，要对内容的难易、深浅有一定归纳，按由低至高，由近及远的层次排列，构成递进的关系。

1. 横向系列化——主题多元整合

横向系列化，主要是针对德育活动的内容、范围进行横向多元整合。横向系列化要求德育活动在内容上要涵盖广，可以依照相关政策框架设计，参考《中国学生发展核心素养》《中小学生守则》《中小学德育工作指南》。2015年新修订的《中小学生守则》涵盖学生德智体美劳全面发展的基本要求；2016年发布的《中国学生发展核心素养》逐条细化，对当代中国学生提出了全面具体的要求；2017年印发的《中小学德育工作指南》在德育内容上分块明晰。参考近三年教育部政策文本，在一定程度上给了德育活动设计的框架范围，德育活动在内容上要在不同主题之间建立联系，做到德育的延续性，在不同的主题上都有针对性的德育目标。在个人与自己相处过程中可以涉及的主题，如"自律"；在个人与他人相处过程中涉及的主题，如对父母要"孝顺"、对同学要"乐于助人"、对老师要"感恩"等；还有个人与社会、国家的关系上，如强调"责任""奉献""爱国""敬业"等。

德育活动横向设计需要考虑需求因素。首先，是孩子的成长需求。联系学生的特定成长阶段，中学生主要的成长环境是在家庭和校园，在德育活动的主题上整合为几个版块。学生个人与自身、与他人、与社会等的联系中找出其需要的优秀品质。例如，在与自己相处的过程中需要学会自立自律，培养良好的学习习惯，锻炼身体，保护自己，珍爱生命等；在与他人的交往过程的要求有尊敬师长，团结同学，热爱集体，礼貌待人，诚实守信，学会担当责任等；身处社区、国家、自然中要认识到自身角色的责任与义务，爱党爱国，遵纪守法，爱护公物，保护环境等。另外，横向设计应该考虑时代需求。新时代对中学生提出了新的要求，如在实践创新意识上等。新时代学生也暴露了一些特殊的德育问题，例如，在网络发达、电子产品兴盛的今天学生很难学会自我控制，沉迷于各种网络游戏；一直存在但越来越引人关注的校园欺凌事件等。在德育活动设计中要针对当下的问题做文章，减少高大上的德育活动，针对学生中间已经暴露的问题来设计德育内容。例如，第六初级中学"我离文明有多远"主题班会的主题来源于在学校一号楼饮水处发现水资源浪费现象，尽管只是少数人所为，但也暴露出平时学生教育中的细节问题，对此六初所有班级都以此为教育的切入点，召开主题班会。

德育活动还可以与校本元素进行有机结合。中学德育活动课程化过程中可以体现校本课程的内容，结合学校办学理念，充分利用已有资源，整理往年成功的德育主题材料，与时俱进，推陈出新，开发深受学生喜欢的特色德育活动。例如，坚持30多年革命传统教育的警予中学等，依托本校的历史文化把德育活动课程做出了特色。

综合以上，把初中学生的德育主题进行以下归类。参照《指南》中德育目标要求进行简单归类可以整理出中学生德育活动系列主题，主题包括自主德育、生活德育、社会德育。自主德育，与自己相处时应该做到的自我行为规范，包括爱护自己、自立自律、勤学励志等；生活德育更多地强调学生与他人的联系，与他人相处时应该具备的良好品德，包括孝敬父母、尊敬师长、热爱集体、团结合作、助人为乐、遵守法律法规等；而社会德育更倾向于学生与自然、社会、国家、国际的联系，包括弘扬民族精神、辨别是非、关心国家大事、热爱科学，爱护环境等。自主德育涵盖的主要是学习性、自理自立性德育活动，生活德育课程涵盖的方面主要是人际交往性德育活动，社会德育内容包括公民性、公益性等活动。这三者之间没有绝对的界限，例如，勤学励志既可以是探索真理，满足自己求知欲，也可以是用好成绩回报父母，达成其心愿，还可以是为提高素质，为祖国建设添砖加瓦。

2.纵向系列化——内容序列衔接

纵向系列化，主要是针对学生的年龄特点。从心理学角度来说，德育活动的设计需要遵循相关理论。如皮亚杰的认知发展理论、爱利克·埃里克森（Erik H.Erikson）提出的人格社会心理发展理论及劳伦斯·科尔伯格（Lawrence Kohlberg）提出的道德发展阶段理论。科尔伯格把三水平六阶段分为前习俗道德水平、习俗道德水平、后习俗道德水平。

纵向系列化另外一个依据是知识结构的特点。儿童的道德发展是循序渐进的，相应的德育活动的设计也必须分析学生的心理特点，依照学生道德心理阶段，对不同阶段的学生根据难易程度来设计德育活动的内容。设计德育活动时要分析学生的心理特点，注意活动内容与难易程度，在同一大主题下，有分子主题，逐步提高道德要求。学生在这一系列主题活动中得到一致连贯的教育。

第七章 初中德育导师制的探索

　　学校的根本任务是育人，育人首先要育德。尽管多数学校也是将德育工作放在首位，但形式单一，方法传统。虽然倡导"全员德育"，但班主任几乎全部包揽了班内学生的德育工作，科任教师参与学生德育的积极性不高，即所谓的"只管教、不管导"，学校现行的德育管理模式传统、低效，这种现状没有体现以生为本的理念，也将大大制约学生全面、健康、个性化的发展。初中生正值青春期，正处于成熟与半成熟状态，是人生观与价值观成型的关键期，具有可塑性强的特点。在这特殊时期所形成道德品质，对学生今后的成长甚至一生都将有重要的影响。能否有效地实现这些学生的教育转化，直接关系到素质教育能否真正面向每一个学生，面向学生的每一个方面。这就需要树立"每一个教育工作者首先是德育工作者"的理念，为学生学习、生活、品德和心理等方面提供全方位、个性化的指导和帮助。因此，在我国初中推行德育导师制，不但要求教师要向学生传授专业知识，让他们掌握知识技能；更要以参与者的身份，融入学生中，在活动中、课后交流中体现自己的个人魅力，展示自己所长，以教师自己的学识、言行、做事风格潜移默化地去引导学生、感染学生，使自己真正成为人师。这有利于德育模式的深化改革，能够积极构建全员育人的新格局。

第一节 实施初中德育导师制案例分析

本节以 C 市 H 中学为例，分析初中德育导师制实施情况。

一、"德育导师制"实施的背景

C 市 H 中学创办于 1957 年，是一所城乡接合部的初中学校。这所学校"德育导师制"的实施不是一蹴而就的。在实施之前，学校对学生做了全面调研工作，根据调研的结果显示，因为各种原因导致不少学生在成长过程中成为急需救助的弱势群体。

C市H中学学生现状调查

类型	习惯不良	行为偏差	单亲家庭	家庭贫困	隔代扶养	学困生	心理障碍
百分比	8.8	6.7	15.4	5.6	12.6	20.1	3.2

调研结果显示：①隔代抚养家庭、外来务工家庭比例较高，相当多的家庭对于孩子教育缺乏必要的方法指导。②随着离婚率的上升，由于单亲家庭带来的孩子习惯不良、行为偏差随之产生，严重的则造成心理障碍。③学校德育没有落到实处，少数学生在思想道德、行为习惯、文化知识、身心健康等方面存在问题，但在其成长过程中没有得到及时帮助和指导。

二、学校层面的实施步骤

（一）机构建设：分三级设立德育导师工作小组，全面开展工作

1. 学校德育导师领导小组：校长、副校长分别担任正、副组长，教务处、政教处、教科室等行政处室负责人和年级组长为组员。

2. 年级组督导小组：组长由年级组长担任，组员为班主任和副班主任。

3. 班级工作小组：组长为班主任，各班受聘的学生德育导师为组员。

（二）制度建立

2017 年 9 月在前期大量调研、走访的基础上，依据学校的校情、学情及学生的实际所需，制订并出台了《C 市 H 中学"德育导师制"管理实施方案》，并于 10 月份向全校教师发布，明确方案对学校、教师、学生发展的重要性，进一步提高认识。为确保"德育导师制"管理工作的有效、有序、有针对性开展，建立了如下制度。

1.德育导师主要职责

（1）具有科学的、全面的育人观。关爱学生，全面了解学生个性、兴趣爱好、生活、学习情况及思想动态，积极探索教育教学新途径、新方法。

（2）具有强烈的敬业精神、团队精神，具有良好的人际关系、合作意识。能团结其他教师和学生家长，与他们进行交流、沟通，能及时了解学生在成长过程中的各种表现。

（3）教育学生遵纪守法，培养良好的行为习惯。

（4）根据学生的生理、心理、爱好、特长、家庭现状等特点实施教育，要关爱生活在特殊家庭的学生。

（5）根据学生成长特点关注学生的心理健康，帮助学生解决各种心理困惑。当学生出现行为偏差或其他异常行为时，由学校专职心理教师实施辅导，并及时告知家长。

（6）对于受导学生的个人资料、家庭资料及辅导过程中的相关记录都须保密，不得随意泄露或公开。

2.德育导师聘任、培训、评价、奖惩制度

（1）聘任制度。受聘导师应具有专业学习指导能力且有良好的思想道德素养和高尚的师德修养，身心健康且具备引导学生身心健康成长的能力，做人与治学相融，能通过日常生活将治学精神和生活哲理潜移默化地传授给学生，从而促进"德育引导、学业辅导、心理疏导、生活指导"功能开发。依据"自主、公开"的原则，师生双向选择，由德育导师领导小组进行协调统筹并最终确定名单，举行德育导师与受导学生的结对仪式，并向德育导师颁发聘书。

（2）培训制度。拥有一支高素质的德育导师队伍，是做好中学德育导师制工作的关键所在。该校德育导师队伍中年轻老师据多，因刚踏上工作岗位不久，人生阅历尚浅，教育教学经验不足。如何与学生交流，及时发现学生的思想变化，知晓容易被学生接受的辅导方式、了解能打动学生的谈话内容等，以增强辅导工作的针对性和有效性，都需要进行培训指导。基于此学校德育导师管理领导小组通过"请进来，走出去"的方式对德育导师开展教育理论、心理辅导、沟通艺术、专题研讨、案例交流、模拟训练等相关培训；以沙龙等形式举办德育导师工作研讨活动，多举措、多途径丰富德育导师的理论知识和实践经验，提升德育导师的工作效果。

（3）评价制度。学校德育导师工作小组本着客观、公开、公平、公正的原则，注重过程与结果，通过定量和定性相结合的方式对导师进行考评。评介涉及四个方面：一是阶段性综合考评（包括导师工作手册记录、受导学生进步表现及导师个案记录情况）；二是学生在受导前后的比对（包括行为习惯和学习成绩）；三是学生和家长对导师工作的满意度；四是综合其他学科教师的评价。

（4）奖惩制度。承担德育导师的工作，会无形中延长教师的工作时间，给教师增添额外的工作量并带来一定的压力。为调动教师的工作主动性和积极性，让德育导师在推行过程中更有生命力，制定科学合理的激励方案显得尤为重要。学校对德育导师每学期都要进行考核，评出优秀德育导师，在每学期末绩校考核中予以体现。对担任德育导师的教师学校优先提供外出学习的机会。德育导师在各级各类推优的评选中优先考虑。

3. 德育导师常规工作制度

（1）建立成长档案制度。在导师开展工作之前，应对受导学生的基本信息和家庭基本情况，学生的个性特征、行为习惯、兴趣爱好，学生身心健康状况等相关信息予以登记，以方便导师全面了解学生的情况，有的放矢。

（2）建立谈心辅导制度和汇报制度。规定德育导师应保证每月至少一次至二次与受导学生进行个别谈心，及时了解学生思想状况，依据实际情况与学生一起制订切实可行的学习和生活计划。谈心交流可采用面谈、微信、QQ、电话等形式进行。此外，作为受导学生应每两周一次向导师汇报学习、生活情况。所有交流辅导的材料均须记入导师工作手册。

（3）建立家长交流制度。导师每月至少与学生家长联系一次，有特殊情况时则应随时联系。德育导师每学期至少家访一次，告之家长家庭教育的重要性，引导家长学会运用科学的家庭教育方式和方法，提高家庭教育的有效性。德育导师应通过家访、接待家长来访、书信、电话、邮件、QQ等多种形式，了解学生本人及家庭情况，对单亲、重组、贫困等家庭情况特殊的学生，要予以重点关注。

（4）建立个案分析制度。导师定期完成《导师工作手册》所列内容，及时总结工作经验，撰写受导学生个案分析，每月填写一至二次学生谈话记录。对重点或典型受导对象进行案例记录和数据调查，积累第一手资料，开展系统、系列研究；每学期末进行典型受导对象个案分析和诊断研讨，对疑难点问题通过年级段导师诊断会共同研究、合力诊断，并提出解决措施。

4.德育导师工作档案制度

将每学期每位导师所开展的导师活动以文字的形式保存归档，包括导师工作手册、典型个案会诊档案等，优秀个案作品予以结集、评奖并推广示范，促使导师不断反思教学行为，更新教学理念，进一步提高教育教学效果。

三、教师层面的实施步骤

（一）导师确定

导师选聘是德育导师制设立与运作的关键，也是最大程度发挥导师制作用的有力保障。对此，笔者一方面进行相关问卷调查前测，另一方面由学校号召行政党员教师带头，动员全体教师积极主动参与，通过综合考查，最终确定导师人选。

1.教师问卷调查：对象为全校教师共71人，问题一是关于教师是否愿意担任导师：您如果成为导师，愿意协助班主任等帮助解决学生学习、生活、心理等各种问题吗？

如图7-1所示，有55位（77.5%）教师愿意担任导师，总体上积极性比较高，特别是学校行政、党员教师、班主任、年级组长、教研组长等一批骨干教师踊跃，起到了一定的带头引领作用。调查中16位（22.5%）教师不愿意担任德育导师，究其主要原因一是认为自身教学任务繁重，对于其他任务无暇兼任；二是由于不曾担任班主任等管理工作，缺乏一定的思想教育能力，自信心不足，担心无法胜任。

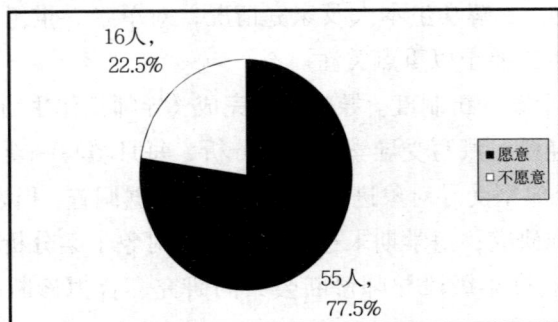

图7-1 教师担任德育导师意愿表

问题二是关于教师对导师角色的认可度的调查：如果您成了导师，您的角色会是受导学生的？

如图7-2教师对导师角色的定位是多重的，导师对多重角色的认可有助于德育导师制工作的开展，以期达到全方位、多角度引导。在众多选项中排在首位的是"学习辅导者"角色，从侧面反映教师对学生学习辅导的意愿比较强烈。同时，"生活关怀者"和"心理疏导者"的角色选择比例也较高，体现了教师除关注学生成绩之外，也重视孩子的身心健康。

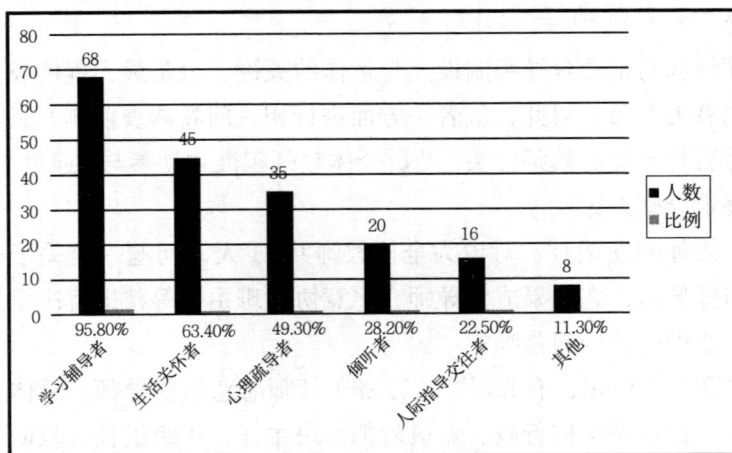

图7-2 教师对导师角色的认可（可选1-3项）

2.学生问卷调查：对象为初一至初三 802 名学生。问题一和二均和教师问卷调查一致，从学生角度来看"学生受导的意愿"和"学生对导师角色的期待"，结果如图 7-3、图 7-4 所示。

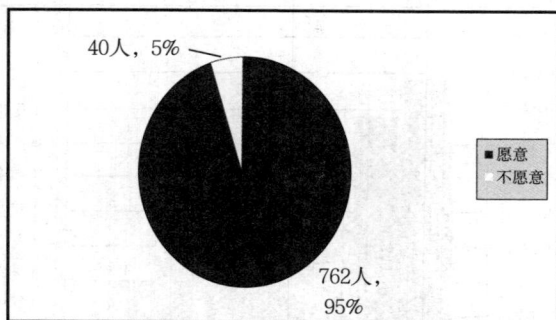

图7-3 学生受导意愿表

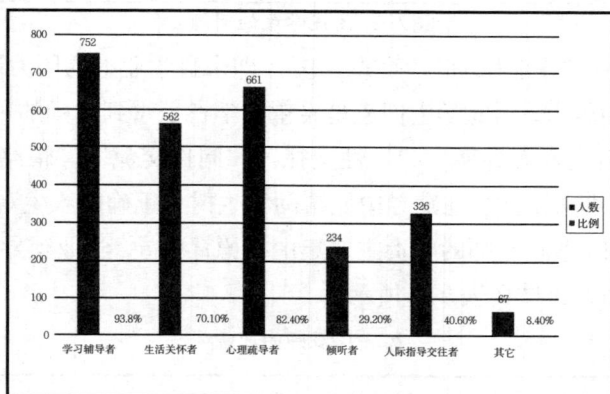

图7-4 学生对导师角色的期待（可选1-3项）

通过数据统计，发现学生普遍愿意和教师结对开展导师制工作。学生希望导师为"学习辅导者"角色期待值达到93.8%，高居首位，反映出学生还是对自己的学习成绩有所期待，希望学业成绩更上一层楼。因此导师制在"学业辅导"功能开发上仍是主要方向，但是"生活指导""心理疏导"所占比例也较高，说明两个方面在学生心中期待值也较高。从调查中还发现学生对导师的相应素养有较高的要求，这就倒逼导师要加强学习和培训，提高自己的业务水平和人文素养。

（二）导师职责

了解学生最需要解决的问题是明确导师职责的前提。对此，笔者通过问卷调查和个案研究等方式，了解到目前学生中所困扰的问题如图7-5。

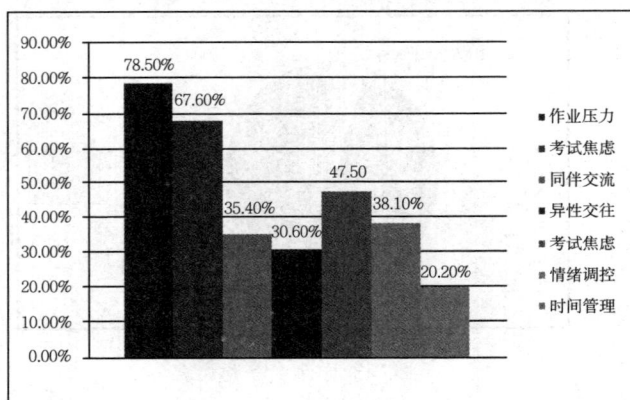

图7-5 困扰学生的问题

调查表明："作业压力""考试焦虑"，即来自学业上的压力还是占首位，因为有中考的压力，因此学生们还是希望在学科上得到导师的帮助。此外，初中学生逐渐进入青春期，"异性交往""同伴交流""情绪调控"等都对导师提出了期望，导师在辅导中应帮助学生树立正确的人生观和价值观。通过以上调研表明，导师的职责主要集中在德育引导、学业辅导、心理疏导、生活指导方面，具体如表7-1所示。

表7-1 教师的职责

方　面	职　责
德育引导	1.了解学生思想动态和状况，定期与学生沟通
	2.关心学生进步，培养学生正确的人生观、价值观、集体主义观和荣誉观
学业辅导	1.全面了解学生学业知识水平、能力、兴趣、职业取向、学生习惯、学习方法等
	2.根据学生特点和实际指导制定合理的个人学习计划
心理疏导	1.渗透心理教育，关注学生心理健康和成长需求，及时帮助克服心理障碍和困惑
	2.通过各种形式和活动开展心理辅导，培养学生自主、自主、自信人格
生活指导	1.关心学生生活，关注单亲、离异、留守等家庭子女状况，跟进帮扶措施
	2.加强家校联系，定期家访或电话交流，帮助解决一些生活困难

（三）指导原则

1. 平等性原则。以学生为主体，尊重学生意愿；导师制下的师生关系平等，导师不强加给学生思想，指导须有耐心和爱心，公平公正对待受导学生，做到一视同仁。

2. 保密性原则。对于学生个人隐私，应严格保密，不得随意公开或泄露。

3. 渐进性原则。导师根据受导学生身心发展特点和认知水平，循序渐进开展各项指导工作，逐步提升受导学生各方面能力。

4. 激励性原则。用发展的眼光看待受导学生，挖掘其潜能，肯定其进步，适时给予关心和鼓励，并做好阶段性短期目标的计划。

（四）指导方式

导师最愿意通过何种方式来指导学生，笔者对此分别对老师和学生进行了调查。图 7-6 是对老师的调查结果。

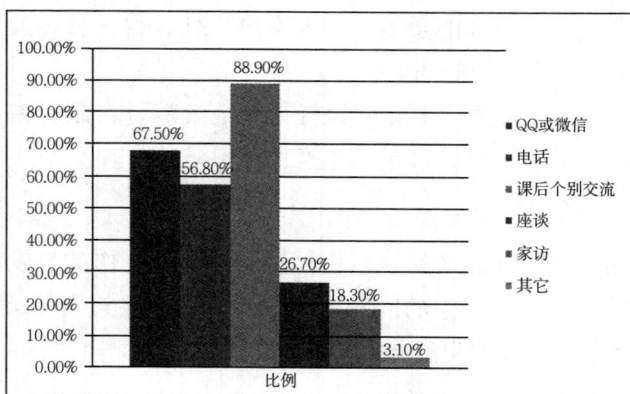

图7-6 最受导师欢迎的交流方式

从图 7-6 可以看出，导师更注重对受导学生的个别辅导，体现出以生为本，尊重学生个性特点和身心发展规律，使辅导更具有针对性和实效性。对于利用 QQ 或微信等现代通信方式也是被导师所认可的一种辅导方式。无论采用哪种辅导方式，均以实际情况而定，以导师制工作最大效益化而定。

（五）指导内容

导师在与学生结对之前，应该从学生的档案中、班主任、科任老师处了解受导学生的基本情况，做到有的放矢。指导内容除指导职责中所提到

167

的德育、学业、心理、生活方面外，导师还应该根据所导学生实际情况灵活变通，因材施教。根据年级的不同，指导内容会有所侧重：初一新生，侧重行为习惯和学习习惯的养成教育；初二学生主要开展两性教育、健康上网、与父母交流等青春期中普遍存在的问题；初三学生即将中考，主要进行考前焦虑、学业压力的疏导。

四、学生层面的实施步骤

（一）学生对象

根据学生实际情况，结合导师、班主任、科任教师的共同意见，将受导学生主要分为三大类。

1.需要学科导师的学生：主要由学生本人、科任教师、班主任和家长意愿根据学习情况、学业规划确定。

2.需要思想品德导师的学生：主要由班主任、科任教师及家长意愿根据学生的品德、行为习惯等确定。

3."弱势群体"学生。主要分为行为规范涣散且自制力差、心理问题明显、学业压力大等几种，尊重学生意愿。

（二）受导要求

学生愿意通过何种方式受导，从而提高导师制工作的自发性和常规化程度，也是导师需提前考虑的问题。笔者对此对学生进行了调查，图7-7是关于"最受学生欢迎的交流方式"调查汇总图。

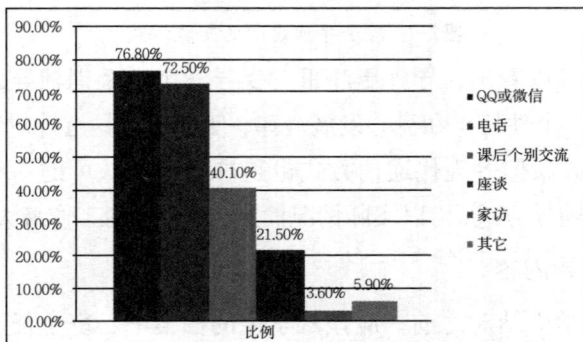

图7-7 最受学生欢迎的交流方式

通过调查分析，"最受学生欢迎的交流方式"是"、QQ 或微信""电话"及"课后个别交流"，分别为 76.8%、72.5%、40.1%，侧面反映了学生更愿意在轻松、互动的氛围下和导师交流沟通，学生也愿意私下和导师共同分享自身的经历和成长的故事，并从导师处汲取宝贵的人生经验。学生通常喜欢个性随和、风趣幽默的导师，因此导师的人际交往魅力也会对导师工作起到重要的作用。

五、学校层面的评价与考核

（一）注重动态管理，重视过程评估

德育工作很难量化，所以这就决定了德育导师评价是一个难题。对于德育导师制工作的评价更应注重动态管理，即在实际操作过程中，导师与受导学生可以不受时间、空间的限制，有问题及时辅导。学生可以根据自己的实际情况向导师提出更换辅导时间或内容。为让辅导更有效，做好阶段评估工作，可以是每月一次，通过导师与受导学生自评、互评及科任教师测评和行政部门查看辅导过程记录等方式，让德育导师工作落到实处，而非流于形式。

（二）完善评价制度，强调多元评价

保证德育导师制工作的顺利开展，一套好的评价制度必不可少。科学合理的评价制度能积极推进德育导师制工作顺利且长久开展；反之，则会影响教师对导师工作的积极性，导师工作可能就会只流于形式，而无实际的效果。评价应是多元的，注重过程与结果，通过定量和定性相结合的方式对导师进行考评。评价涉及四个方面：一是阶段性综合考评（包括导师工作手册记录、受导学生进步表现及导师个案记录情况，占 40%）；二是学生在受导前后的比对（包括行为习惯和学习成绩，占 30%）；三是学生和家长对导师工作的满意度（占 20%）；四是综合其他学科教师的评价（占10%）。评价标准力求多方位、多途径，并以激励机制为主，给予合理评定。同时，考核结果作为教师学年考核的一项重要内容，并与教师本人的评优等挂钩。

第二节　初中德育导师制的经验总结及完善对策

一、实施中个案研究及分析

初中阶段，学生正处于青春发育期，生理和心理变化都很巨大，是一个半幼稚、半成熟时期；是依赖和独立、盲目和自学错综矛盾的时期；是身心发展的"特殊期"。伴随着其身心的快速发展、思维方式的变化、学业压力的增大和家庭问题的困扰，他们容易在学习、生活和人际交往中滋生各种心理问题，引发心理疾患。以下三个案例是从 H 中学德育导师手册记录中整理而得的，三个案例分别从心理障碍、家庭教育、学业困难阐述了要做好问题生的德育工作是一项艰巨的任务。

案例一：初二男生小平，学业成绩一般，他总是觉得世界不公，有轻微的抑郁，觉得活着没有意思。他在与导师的沟通时说："从小学开始，我一直受别的同学的欺负，别人都以为是我软弱，其实是我一直是忍受他们的，但是长此以往，我也是会有爆发的一天的，他们不要以为我好欺负。父母每天也是只看到我的不足，动不动就打骂我，甚至有时候还用皮带抽我，父亲一有不满意的地方就责备我，啰里啰唆讲一大堆，根本就毫无道理的。老师在课堂上，也好像处处针对我。有一次，明明是针对别人发脾气，却后来把气撒在我身上。这个世界是不是对我不公平？"

家长的反映是孩子在家里作业不认真完成，监督他，也不见得有很大的成效，感到很无力。

问题诊断：这位学生对自己缺乏一定的责任感，善于从他人身上找问题，而往往忽视个人的问题。该生进入八年级，自我意识增强，同时有些以自我为中心，对于周围的人和事物存在一定的抵触情绪，而且也比较喜欢钻牛角尖。因此，在对待事情的处理上，往往只重视自我的感受，而忽视别人的看法，或者直接无视，有些把别人往坏处去想，长此以往，对于孩子自身的心理发展都是非常不利的。

跟进措施：对于这样的学生，作为导师不能简单地从学业辅导上入手，而是应该从心理疏导、生活指导等多方面入手，多管齐下，多找他谈心、交流。发现他的闪光点，多鼓励、多肯定，帮助其树立信心。通过整整一个学期的引导，男生的内心变得阳光多了，能主动与人交流，同学间的关系也较以前融洽许多。

建议与反思：让学生在表达自己的内心想法时，不要轻易下判断，不轻易用简单的"好"与"坏"去评价，只是先随着学生的讲述，静静地聆听，从而走进他的内心世界，给学生足够的宽容去自我觉察并帮助他发现自己的美好。

案例二：七年级男生小华，家庭原因，父母离婚，再婚，又离婚，几乎都管不到他。平时自己一个人住在出租屋里，放学了先去补课老师那里，做好作业，吃好饭，晚上再回家，妈妈偶尔来看他一下，爸爸几乎都不管。后来妈妈又再婚了，孩子又丢给了爸爸。受导学生在与导师交流的时候讲道，父母的离异对他打击很大，他从小跟着妈妈，但是进入初中后，自己也不愿意和妈妈一起住，就索性一个人生活，妈妈偶尔来看望他，这个时候他还是和妈妈比较亲，后来妈妈又有再婚的打算，决定让他跟着爸爸，可是从小他就不喜欢爸爸。

教师反映：由于家庭，妈妈爸爸不管他，大人希望孩子能够更加独立、自觉，所以也默许让他独立生活。

问题诊断：这是一个典型的因为家庭而使得孩子出现行为偏差的案例，父母的种种变化对孩子的打击和影响都很大，家长推来推去，没有一个固定的人管他，平时生病都是自己一个人扛过来的，他也逐渐习惯自己一个人独立的生活。孩子现在越来越孤僻，笑容也越来越少，学习上的问题还可以通过请补课老师解决，但是心理上的问题更为重要。

跟进措施：作为导师，需要更多地关注他，给予他生活上的关怀。和他聊聊学校里的事，谈谈开心的事，并告诉他作为孩子，你没法解决父母的事情，但你可做一些你认为开心的事。导师增加与学生及家长沟通的频率，希望通过和家长沟通，和孩子深入交谈能够软化他的内心，让他知道父母、老师都是关心他的，帮助他从他自己的世界中抽身出来，回归班级和家庭。虽然导师没有办法去评论家长，但可以用自己的爱心、耐心和恒心去感染学生。功夫不负有心人，小华脸上看到了久违的笑容。

建议与反思：单亲家庭的孩子是德育导师制实践中需要重点关注的一类学生。因父母情感问题引发家庭矛盾，导致家庭气氛紧张，有些学生甚至经常会因为父母的争吵而成为出气筒。长期处于此家庭中的学生会缺乏安全感，他们时常处于恐惧和担忧中，久而久之容易引发心理问题。父母离异之后，因为家庭的不完整性，学生会缺失父爱或母爱，感受不到来自家庭的温暖，此类学生往往会产生消极、偏激的心理。表现出对同伴的疏离、敌对情绪强，自我保护意识过强等，甚至还会出现极端行为。作为德育导师，辅导此类学生是一种挑战，这些学生不是简单的德育或学业问题，他们更多的心理问题，因此需要导师更多地借助心理学的知识去制订帮扶计划。

案例三：小成长得胖乎乎的，学习、做事都不上心。自进入初中就引起了班主任的注意。老师特意查阅了他以往的评语——懒惰、没上进心、各科成绩均倒数。随着时间的推移，他的表现证实了小学老师的评语。暴露出来的问题也越来越多，上课走神，自修课讲空话影响其他同学做作业，下课打打闹闹，几乎不做作业。通过家访得知父亲做生意很忙，还有个3岁的妹妹无暇顾及他。所以对他的关心很少，从来不和他交流。在开学一个月后，通过双向选择班主任和小成结成了德育导师帮扶对象。

问题诊断：家长的不关心、学习差、因为胖常被同学嘲笑等，导致他自卑、不求上进。

跟进措施：几次找他谈话，让他感觉到老师是关心他的。也许像他这样的孩子，被老师找谈话也不是一次两次了，劝告教育的话听得也很多了，所以几次下来效果都不明显。唯有一次，谈到父母对他的关爱时，他竟然落泪了，导师抓住契机和他进行了深入的交流。感到孩子的心终究还是有温度的，虽然父母缺乏精神上的关爱，但是他能感受到父母其实还是爱自己的，只是自己颓废太久了，一时难以改过来，特别是学习成绩，一旦落下就很难跟上，所以才导致自修课聊天、说话，影响纪律。那一次的谈话，导师突然觉得找到了解决问题的突破口，同时也拉近了与他的距离。于是导师和他做了如下的约定：1.老师会与父母商量，要求父母每晚检查你的作业、填写家校联系本，加强父母和老师的沟通。2.五门功课中成绩较好的学科要继续努力，下次考试成绩要有所提高。其他四门功课上课要认真听讲，按要求完成作业，不懂就问。3.合理安排周末时间。导师与他共同制订周末时间计划表，将娱乐和学习的时间确定下来，每周带回家，父亲签字，周一带来。三条约定看似简单，实施起来并不容易，难的是他能坚持多久。一周后导师又找他聊天，询问约定的实施感受和遇到的问题。先肯定他做得好的地方，再帮他分析实施困难的原因，鼓励他继续遵守彼此的约定。并再次和他约定"希望能看到每天进步一点点的你"。同时，体育老师也反馈了一个信息：该同学在跑步上有很大进步，之前是男生最后一个，现在能超过很多人了。

建议与反思：在竞争激烈的社会中，自信是成功的必备要素。在教育中，任何一位德育导师都应该是学生学习成功的鼓舞者，让学生在一件件小事中体验到成功的快乐。在适当的时候导师也可以采用扮演"共同遭遇者"的方式，放下身段和学生交流自己的不完美，拉进彼此间的沟通距离，用学生喜欢并能接受的方式共同去解决学习问题、思想困惑、生活烦恼等，帮助学生学会自我接纳。教育家苏霍姆林斯基曾说过，每个孩子都是一个世界——完全特殊的、独一无二的世界。作为一名德育导师，就是尽自己所能在学生的成长道路上给予必要的帮助和鼓励。在辅导的过程中，导师要尊重学生的年龄特点、个性差异，对症下药，与结对学生坦诚相待、用心交流，潜移默化地达到辅导的目的。

二、实施情况问卷调查及分析

为更好地开展德育导师工作，笔者在问卷中设计了一些关于德育导师制实施效果的问题，以便发现问题，从而为后续工作改进提供数据支持。

（一）对德育导师制的看法

调查结论：45.5%的受导学生表示导师的辅导对其帮助很大，38.9%的学生认为有帮助，两者数据相加共有84.4%，这些学生肯定了导师的辅导效果，也说明德育导师的实际工作扎实开展，学生认可度高。只有3.1%的学生认为没什么帮助。（见图7-8）

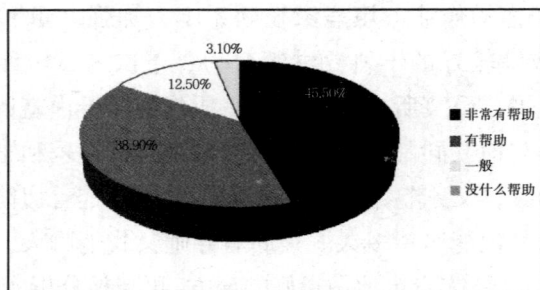

图7-8 你认为德育导师对你有帮助吗?

如图 7-9 所示，高达 82.5% 的学生认为在受导之后，对其学习成绩帮助很大，如端正学习态度、改进学习方法、提高学习效率等。事实证明，近几年学校各年段的成绩都处于同类学校前列。列在第二位的是"心理疏导"，有 71.6% 的学生认为心理团辅课和个体心理辅导有利于调节学习压力和缓解紧张情绪。

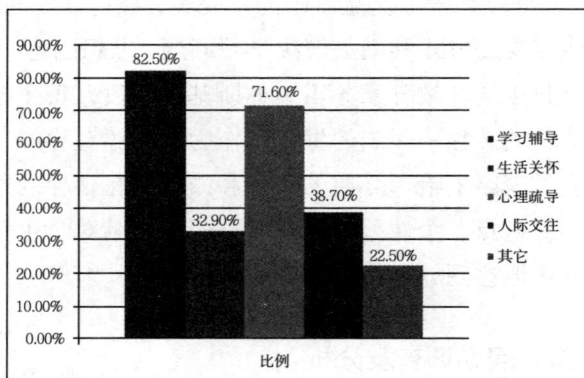

图7-9 在德育导师帮扶中获益最大的是

（二）对"德育导师制"实施及导师的满意程度

调查结论：学生对德育导师的满意度高达 96.2%，说明学生对自己的导师认可度较高。导师在开展辅导工作时，其身份不是以前"居高临下"的"说教者"，而是蹲下身子和学生平等交流的朋友；传统观念中对于那些所谓调皮捣蛋、不守纪律的"问题学生"，也不是简单的采用"请家长来校"、写"保证书"的教育方式，而是利用 QQ、微信等现代流行工具与学生交流，教师的教育观念在转变，教育方式在转变，教育效果也在前两者的转变下悄然地发生改变。德育导师制的实施有效地缓解了教师与"问题学生"之间的矛盾，师生间的平等相处，愉快交流，让师生关系更为融洽、和谐。

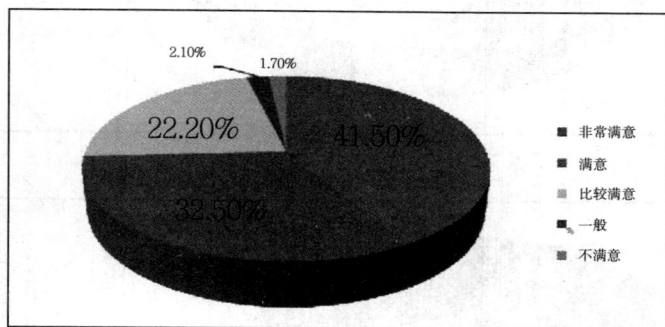

图7-10　你对德育导师满意吗？

（三）对"德育导师制"后续实施的期望

为了更好地做好"德育导师制"工作，从教师和学生实际出发，了解他们的想法及所需，笔者在调查问卷中添加了针对"德育导师制"后续工作实施的相关问题。

调查结论：在强调素质教育的今天，虽然分数并不再是唯一衡量学生的标准。但是在中考的压力下，学生对成绩还是很看重的，因此学生还是将学业辅导列在了首位，学生还是期望导师能在学科上给予更多关注。

在学生与导师交流的频率选项上学生和导师给出的答案是一致的，选择最多的是不需要固定次数。这说明两点：一是学生相信导师，愿意向导师求助，反之导师工作尽职尽责，是真正从学生需求出发，不计个人得失，为学生耐心辅导；二是说明德育导师制工作已不再流于形式，而是从学校规定次数到每月不限次数主动地开展辅导工作。（见图 7-11，图 7-12，图 7-13）

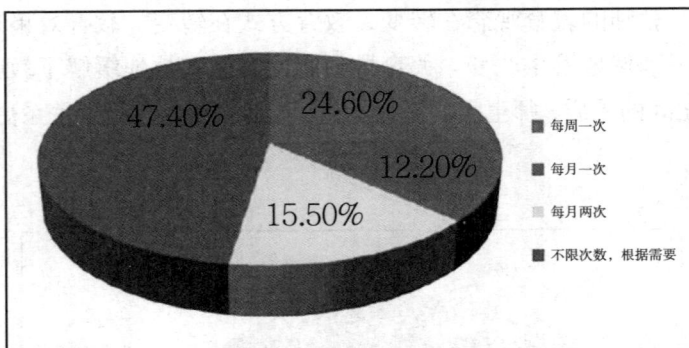

图7-11 你希望多久与导师交流一次

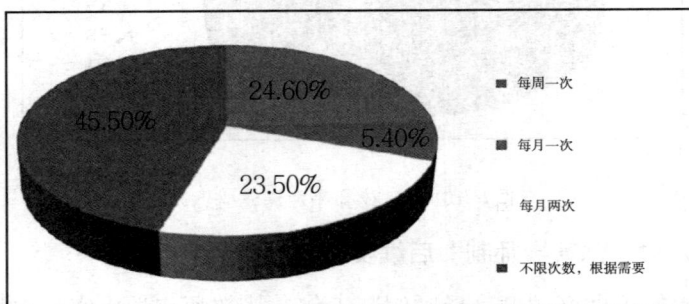

图7-12 你希望多久与学生交流一次

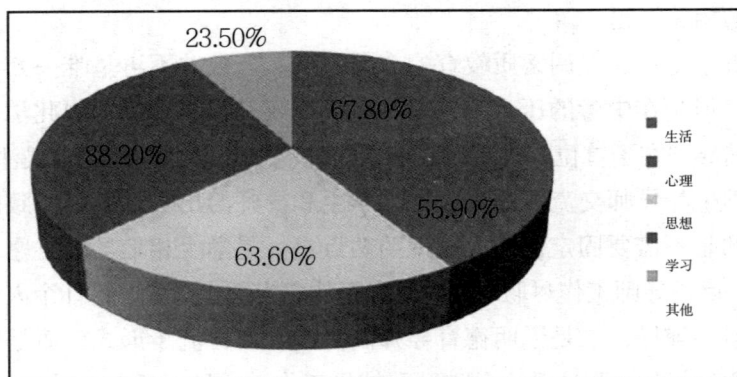

图7-13 你觉得导师在哪些方面还可以加强？

三、实施成效

在分析实施德育导师制所获得的实践经验中发现，中学德育导师制比传统的德育模式更为有效，且更具生命力。H中学在德育导师制的实践中本着"用心沟通、以情动情、以行导行、修身垂范"的育人原则，通过对学生在学业、心理、生活等多方位的辅导，呈现出教学相长的良好态势，形成了全员德育的可喜局面。"德育导师制"已逐步成为学校一张亮丽的德育名片，使得学生、教师、学校都在德育导师制工作的开展中获益。

（一）学生层面——促进自主发展

正处于青春期的初中生，性格中有不少叛逆性，加上家庭问题，故当学生遇到问题或困难时不愿意和家长交流沟通，也不愿意向同伴求助，久而久之出现了行为上的偏差或学业上的落后。作为班主任，面对一个班级的学生精力有限，无法关注每一位学生的具体成长，因此德育的针对性和有效性令人担忧。

从问卷中的大量数据来看，德育导师制的实施对学生身心发展是有帮助的，其呈现的价值和意义不容忽视。学生对德育导师认可度普遍较高，"德育导师制"实施以来，学生的行为有了新的发展。H中学有10多个来自C市福利院的孩子，这些孩子有相当一部分是因为残障或智障而从小被父母所抛弃，他们中很多孩子的因为缺乏父母疼爱和关注，而变得敏感、内向、自卑。因此，孩子们一进学校都分别和导师结对，通过导师的多次辅导，让他们感受到了来自导师的关爱，很多导师都把他们当作自己的孩子一样对待，为他们买衣服，买学习用品，甚至有导师把他们带回家吃饭。正是因为导师对他们用心，所以孩子们在校园里快乐成长。每年教师节，福利院的孩子们都会回到母校来看望曾经教过他们的老师及辅导过他们的导师。师爱吾生，生亦爱吾师。老师嗓子哑了，学生会自发地把护嗓药放在讲台桌上；女教师怀孕后期，上课吃力，学生会主动在教室前面放一把椅子；父母吵架了，学生会直接向老师求助……德育导师这个重要的角色，有效缓解了班主任一人德育的局面，学生在思想、学业、心理、行为、生活等方面有了不同程度的改善，学生变得更有礼貌、更加自信，学业成绩也呈上升趋势。

（二）教师层面——转变教育观念

在德育导师制的实施推进过程中，让老师们感觉之前的传统教育模式已经不再受用，而是要用新的教育理念、教育方式和沟通方式来教书育人。让老师承认学生是有差异的，学着弯下腰、蹲下身倾听学生的心声。关注学生的点滴变化，用放大镜去捕捉、挖掘学生的闪光点。更多的教师将学生视为自己的孩子，给予他们"爹妈式"关怀。教师从教"学"走向导"育"，将思想道德教育、学业教育、心理教育等融为一体，让学生体验到成长的快乐，教师在不知不觉中从"学业教师"转变为"德育导师"。正是因为教师不再是"居高临下"的"说教者"，而是与受导学生平等相处、坦诚相待的朋友、引导者，师生间的关系更为融洽和谐，有效促进教学相长。在每学期期末对教师进行考核的"学生满意度"项目调查中显示，各班学生对教师的满意度平均达到96%以上，师生关系较以往明显改善。

（三）学校层面——突显办学特色

学生成功了，教师就成功了；教师成功了，学校就成功了。德育导师自2017年9月实施，通过多年的努力，学校的校风和学风明显转好。围绕培养"大气、自信、文明、智慧的阳光少年"的目标，学校确立了以构建"立体德育"体系为宗旨的工作思路，本着"三全"（全员参与、全程管理、全方位展开）、"三育"（教书育人、管理育人、环境育人）、"三主"（学生为主、活动为主、渗透为主）的工作原则，努力使常规教育系列化、发展教育渐进化、德行教育生活化、心理教育网络化，建构了序列化的学生主题教育，通过德育导师与学生"一对一"沟通，关注每一位学生的成长。

（四）社会层面——形成多方教育合力

随着"德育导师制"的开展，家校联系更为密切，导师与家长通过班级家长QQ群、微信群、电话、家访等形式让家校交流更顺畅、更便捷。通过成立家委会、定期召开家长会等方式，让家长共同参与学校相关教育教学事务，了解学校运转机制，做好学生生活和学习的有力保障。因H中学地处城乡接合部，学校中有部分学生是外来民工子女，占全校学生总人数的46.4%。这部分外来民工子女或多或少给我校教育教学管理带来一定的挑战。因而，导师因地制宜，借助社区、企业、其他社会组织、家长学校等的力量，开展访谈、优秀家长经验介绍、各类册子学习等，合力引导家长树立正确的家庭教育观，掌握科学的家庭教育方法，进一步推进"让学生开心、让家长放心、让社会满意"的办学宗旨。

四、完善对策

虽然 H 中学在实施"德育导师制"的路上有了一些经验，同时也取得了一定的成效，但如何将"德育导师制"工作更有效、更合理、更科学地进行到底，学校领导和教师们仍有困惑。笔者对此进行了多方座谈和调研，同时要求学生和教师分别对德育导师制提出建议和意见，并进行了汇总和分析，有些主要问题亟待认识和解决。

（一）面向全体学生，扩大导师群体

初中"德育导师制"的关注对象主要是学生中的"弱势群体"，即需要帮助的学生。但是，作为教育的主体，每个学生都有被关注的权利。C市 H 中学的导师数约为 50 人，占总数的 70.4%，以每位教师辅导 1~2 名学生来计算，德育导师的受益面也仅为 12%~15%，实在是僧多粥少。教育下一代不只是学校的事，应该发动社会各方面的力量来参与德育导师工作。如家长、社区干部、法制副校长、退休教师、关工委、学校周边优秀的企事业单位干部等，使其成为德育导师队伍的有益补充。同时，也可发挥优秀学生的作用，让其成为小导师，协助导师开展工作。

（二）协调处理好多对关系，把握好"度"

一是导师和班主任关系。长期以来，班主任是学校德育工作的主力军，班主任更多地关注班集体的整体建设；德育导师则侧重学生个体，是点对点的帮扶。导师制是班主任工作的有力补充，但两者的作用和地位是无法取代的。德育工作，应该是班主任为主，导师制为辅。班主任需要协调好导师（包括任课教师）的关系，共同促进学生管理工作的针对性和实效性。二是导师和家长关系。导师在开展工作过程中，家长的配合度很关键。碰到不配合的家长，或者只是口头答应配合、背后不管不问应付导师的家长，导师的辅导效果就会大大打折。家校合体，让家长真正成为孩子教育的参与者、知情者、协助者、监督者、同盟者还要不断努力。三是导师和学生关系。对学生过度关心，过分接近，容易让学生产生过度依赖。学生有困惑、有需求，

导师给予学生的应是指导和帮助而不是一味地包办。

（三）完善操作体系，构建"一体多翼"导师工作模式

笔者认为要落实学生全面健康成长的宗旨，"德育导师制"需进一步完善，使其更能适应新时代学生成长的需要。在传统的班级管理模式中，德育工作往往是由班主任一个人来承担。而 H 中学所推行的"德育导师制"是实现对弱势学生的辅导与管理的模式，它是对班级管理的一种创新与有效补充，能有效缓解了班主任的工作压力。以导师为主体，班主任、科任老师、家长、社会资源为"多翼"的"一体多翼"导师工作模式，更能形成教育的合力，值得借鉴和推广。

传统的班级管理模式是由班主任到班级学生的发散型模式，如图 7-14 所示。

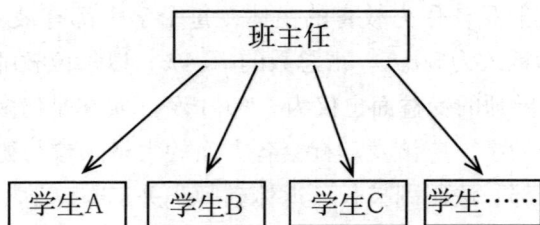

图7-14 传统的班级管理模式

而"一体多翼"的导师工作模式是由导师、班主任、科任教师、家长、社会资源到学生的归集型模式，如图 7-15 所示。

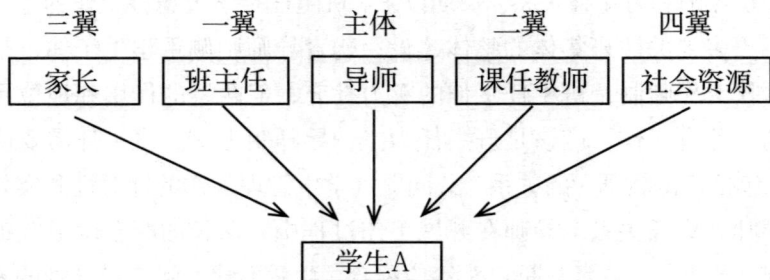

图7-15 "一体多翼"的导师工作模式

"一体多翼"的导师工作模式将传统的由班主任管理班级的单打独斗

模式转变成了团队作战的模式，它能有效地将多人的知识结构、能力特长进行整合，更好地服务于学生。

中学德育导师制是各教育工作者在实践中积极探讨和培植出的亲情化和个性化的德育模式，必将对学生的成长起到积极的作用。德育工作的复杂性和滞后性决定了其效果不是立竿见影的，因此不能急功近利，德育是润物细无声，德育需要静待花开。

第八章 初中德育一体化的实践

中学生德育并不是孤立存在的，是由学校、家庭和社会三方合力、缺一不可的一项系统工程，因此不断完善学校、家庭和社会一体化的德育模式是当下的重中之重。学校是个体在成长历程中学习知识文化，形成良好世界观、人生观及价值观的最重要场地；家庭作为个体的第一教育场所，也是形成个体思想道德意识及良好行为模式的最基本场所；社会则是学生践行思想道德意识，自主学习良好行为模式的大环境。可见，学校、家庭及社会是中学生德育工程中缺一不可的组成部分，同时表明中学生获得良好的德育成效，是一体化德育模式主体共同努力的结果。

第一节 初中德育一体化概述

一、德育一体化的概念

"德育一体化"这一概念最早出现是在"十二五"规划之后，这是在新时期为完成国家的道德教育目标而采取的措施之一，意指针对当前的德育体系现状，对德育工作进行通盘筹划、兼顾管理，深化落实道德教育体制改革，健全德育一体化的内容体系，建立道德水平评价机制。对于这一概念，不同学者有不同理解，一部分学者认为这里的一体化指的是学校、家庭、社会之间的德育配合，有部分学者认为是各学科与德育教学的配合，也有一些人认为是小学、中学、大学之间的德育衔接，也有学者认为是课堂教学与课下实践的结合，还有一些学者从德育本身出发，认为是指德育的目标、方法、途径、保障和评价等内容，更有一些学者将一体化分为纵向和横向，纵向德育一体化是指在不同年龄段、不同学习阶段之间的德育，横向德育一体化则指各种德育机构的配合。相对而言，最后一种在目前学界认同度更高，它所涉及的广度和深度都更为丰厚一些。德育一体化不仅要体现在中小学各阶段的德育目标及实践的衔接上，还要体现在德育课程、学科课程、传统文化课程和实践课程的具体结合中，既要在学生的各个年龄层次——教学阶段上有所体现，还要学校、家庭、社会等德育组织的共同作用中体现，重视家庭和社会的重要作用，并关注学校的主体地位，强调发挥其他学科的德育作用、传统文化的德育作用及社会实践的德育作用，重视学校的德育功能，强调"立德树人"而非"唯成绩论"。

初中德育课程的课程理念是要培养与当今时代相适应的、有理想的、有道德的、有文化的、有纪律的社会主义事业的接班人。具体而言包括以下三个方面。

第一，德育课程构建与初中学生生活范围的扩展程度相适应。人的思想品德是人在生活过程中逐渐与他人、他事的接触中逐渐形成的。初中生生活范围比小学生有了进一步扩大，认识世界的程度更深，思考问题的方式相对成熟，需要处理的社会关系也更为多样。德育课程正是基于这些因素，为达到培养学生正确的价值观念、积极的思想品德提供系统引导，帮助他们更好地认识世界、更自如地处理与他人、他事的关系。

第二，德育课程要培养的是积极认真的生活态度，要塑造的是有责任感的学生。初中学生正处在青春期并逐渐向成熟迈进，自我意识和反思意识逐渐觉醒。在这一阶段帮助学生树立良好的思维习惯、培养学生的责任意识和乐观积极的人生态度，对学生的成长和未来发展有非常关键的作用。德育课程的目的就是让学生在学习过程中感悟人生意义，塑造学生的世界观、人生观和价值观，引导学生做负责任的学生、做有担当的事情。

第三，德育课程始终尊重学生的主体性，引导并启发学生独立思考、自我实践的能力。思想品德的塑造光靠学校、家庭、社会的教育是不行的，它必须要引起学生的思考和体验才能达到"自省"的效果。本课程将学生置于鲜活的生活环境中，引导学生在课内外的思考，鼓励学生在矛盾中实践和感悟，敦促学生思想品德的形成与发展。

由于多种因素限制，本书主要讨论的是初中阶段学校德育与家庭、社会之间的配合。正是因为学校、社会、家庭之间的德育一体化是一个牵涉面极广的实践活动，所以它不仅需要学校、社会、家庭成员的自觉，学生的主动参与，更需要一定的评价和保障机制。也就是说，本书所指的德育一体化是在家庭、学校、社会三个方面进行讨论的，期望这三者在初中学生的道德教育过程中能够互相配合、取长补短，并在此过程中建立一定的组织、机制，以达到促进学生道德思维健康发展的目的。

二、家庭德育、社会德育和学校德育的关系

（一）学校德育与家庭德育

学校作为一个专门的教育机构，在学生思想、道德、政治、法治、心理等培养过程中起着主要作用，其针对性和影响力要比家庭德育和社会德育更强。虽然家庭德育与社会德育在学生成长过程中不可或缺，但事实上学校德育始终是德育主阵地。家庭是人最重要、最根本的生活环境和社会关系，对人的影响是最直接的，也是最持久的。家庭德育观念若与学校德育观念相一致则会起到积极促进作用，若不一致则会影响学生的思维方式和价值观念，甚至对学生成长产生不利影响。所以学校德育与家庭德育有可能相互促进也可能产生消极影响。

（二）社会德育与学校德育

学校是学生日常生活的重要场合并非唯一场合，所以德育并不能只局限在学校范围内。社会是青少年学习、生活、娱乐的主要场地，是学校德育的延伸和主要实践场所，是一所不带围墙的学校。社会环境对于学生成长意义不仅在于其作为个体活动和思维的场地，还在于它主动塑造了一定阶段和一定区域内的道德风向，决定了学校对学生道德教育目标与学生道德社会化的方向。当前的实际活动中，学校德育与社会德育需求存在较严重的脱节现象，德育课程重理论轻实践、课程内容与复杂的社会环境并不

匹配。要解决这一问题，除调整学校德育外，更要重视社会德育资源、开发社会的资源与功能、强化社会德育环境为青少年德育提供更好的平台，是在当前社会环境下进行德育的必然选择。

（三）家庭德育与社会德育

家庭德育是人类最早开始的教育，对人一生的铸造是最根本、最长远的，同时是最无形的。许多人的后来发展尤其是在思维方式和道德品质上很容易发现原生家庭的痕迹和影响。社会德育是人类最多元的实践空间，是家庭德育最直接的表现场地。家庭德育与社会德育相互作用，家庭德育是主动教育，社会德育则是被动接受或是主动践行家庭德育观念。在家里父母会反复告诉孩子要守秩序、懂礼貌，到社会场合再没有人如此温和地指导，社会只是用社会氛围和社会中的其他人的各种方式来提醒孩子应该如何。家庭德育要求孩子要排队，那么到社会上去乘车、买票、看电影、吃饭，孩子若自觉排队则有利于培养孩子的社会公德，发扬社会优良品德，孩子若是没有接受很好的家庭德育，到社会上便会直接打破社会秩序和风气，社会也会给予孩子或轻或重的惩罚。好的社会德育氛围在无形中也会影响孩子，使他们自觉学会融入社会风气。

三、德育一体化的意义

为适应当前的社会环境，我国教育已迈入一个新阶段，学校、家庭、社会作为不可分割的三个德育环节必须紧密结合起来。要想开展好学校的德育工作，就要拉动社会和家庭的参与，在家庭、社会、学校之间建立起良好的合作关系。德育工作要长期可持续发展下去，这三个环节需要全部参与进来。根据家庭、学校、社会各自不同的特点赋予他们不同的教育任务，这三者既是一个整体又要保证各自独立性。在学校、社会、家庭之间建立联动的德育体系，就需要保证三者德育观念的大致匹配，真正达到促进学生身心健康发展、培养学生道德观念的目的。

总体而言，家庭、学校、社会都希望培育出积极乐观、爱国诚信、有担当有勇气的孩子，但在实际的德育过程中，受社会大环境的影响、三方面德育参与者的德育观念、文化氛围等因素的影响，三个环节之间不可避免地存在着一些出入。以"升学考试"为例，由于升学考试的压力，学校和家长更多关注的是学生的学习成绩，无意识地将学生看成"学习机器"，过分关注学生的学习、成绩、排名，忽视了德育的开展，很少过问学生的德育观念，即使有一些小问题表现出来，也认为是学习压力过大所致，不能很好地引导。但社会因素变化万千，今天成绩好可以升入好学校，并不代表明天可以有个健康的身心、有个可以适应社会环境的道德品质。

因此，在具体的德育实践过程中，学校要自觉改变以往的教育模式，主动与家庭德育、社会德育结合，既能保证履行各自责任又能营造一个积极的德育环境。学校作为德育主阵地，要主动与家庭、社会相联系，在后二者之间发挥纽带作用，充分发挥家庭德育和社会德育的功能，让家庭德育服务于学校德育，努力形成学校、家庭、社会一体的德育体系。

第二节　初中德育一体化案例分析

本节以J市实验中学为例，总结其德育一体化取得的成效和面临的困境，为进一步完善初中德育一体化的实践路径提供参考依据。

一、J市实验中学德育一体化取得的成效及原因

（一）J市实验中学德育一体化取得的成效

1. 学生形成了正确的道德观

J市实验中学进行了许多德育实践，这些活动培养了学生的环保意识、校规意识、礼仪意识、奉献意识等。学生们形成了不乱扔垃圾、爱护学校环境的环保意识。由于德育力度的加大，学生们的德育思想有了很大的提升，遵守校规校纪、爱护同学、互帮互助、拾金不昧等良好品德成为学生的共识。学校也在一步步地加强学生正确道德观的塑造，引导学生从不知礼仪到知礼仪，再到遵守礼仪，经历了一个从不习惯到习惯，再由习惯到自然的过程，将文明礼仪落实到学生的日常生活学习中，在校园营造出尊

师重道、互助友爱的良好氛围。另外，以班级或以年级为单位举行的"红色教育"活动，给学生们介绍中国共产党的优秀前辈先烈的事迹、讲述他们的故事、传播他们的奉献精神，让学生们在历史过程中体会新中国成立、发展的历程，在校园中营造浓厚的文化氛围和红色精神。

学生们一方面能够对德育有一个宏观的概念，为学生的后续学习及未来发展奠定了良好基础，另一方面又巩固了学生的三观建设，使之与"普世价值"和社会需求更适应。在德育过程中，学生们学习了解了什么该做、什么不该做、什么值得追求、什么不值得追求，培养了学生的感恩意识，以及学生们在日常生活中待人接物的习惯。学校的德育过程并不是一味灌输，也会有意识地引导学生们进行反思。在德育一体化和学生的自觉性两方面作用下，学生们能够对不良的行为习惯、思维方式进行综合评价和自我改进，这就表明他们已经逐渐形成了正确的道德观。

2. 学生形成了积极的心态

德育工作在培养学生积极心态方面也有很重要的作用，这其中既有学校的引导作用，也有学生的自我控制和自我管理。除常规的品德教育、习惯培养和红色精神传播之外，学校社会等也在极力传播"中国梦"，推广和践行这社会主义核心价值观，培养中学生的爱国情怀，鼓励他们以实现中华民族伟大复兴为目标并为之奋斗。同时在培养策略上，尽力做到对各个班、各个成员都进行宣传，并对德育成果进行展示，树立了一批德育榜样，借助榜样的力量推动和提升德育的成效。还采用了倡议书、国旗下讲话、德育大讲堂等形式将德育精神传递给学生，极力提升学生的参与积极性。

升入中学阶段的学生已经减少了小学阶段的嬉笑打闹，大部分知道在学习生活中什么是能做的，什么是不能够做的。在日常生活中他们绝大多数情况下是能够合理安排自己的学习任务并达到心理预期的，也能够调整好自己的心理状态。通过访谈和问卷，这些学生心情不好时，绝大多数选择与同学聊天、运动、看书、与父母交流等方式解决（表8-1所示）。此外，在学校、家长、社会的教育下，学生也能很好地认识自己，了解自己，履行自己的职责，展现自身的独特性与重要性。这些体现在心理素质上就表现为学生能够尊重他人、自尊自爱，理解他人、了解自己。在理解自己、尊重他人的基础上，他们能够更恰当地展现自己这些便是中学德育一体化能够给学生心理、心态带来的积极影响。

表8-1 J市实验中学初二（4）班的学生调节心情的方式

性别	方式							
	与好朋友倾诉	与父母倾诉	与老师倾诉	听音乐	看视频	看书	睡觉	运动
男	44%	13%	5%	6%	5%	12%	1%	14%
女	52%	24%	8%	7%	4%	2%	1%	2%

3.学校形成了良好的德育氛围

因为家庭和社会德育成就考量难度较大，所以本书主要讨论学校的德育成绩。笔者调研的J市实验中学比较重视德育，学校面向全体学生，尝试将德育渗透进学科教学中去，并且展开了德育特色学校的教学计划，围绕"人本""创新""全面"等宗旨进一步深化学校德育的内涵，积极更新德育的内容、创新德育教学方式，形成本校德育特色，努力提高德育工作的针对性、实效性和科学性。

学校还很重视校园德育环境的塑造，极力营造学校德育氛围，以贴近学生实际的德育内容熏陶学生。如营造富有特色的校园文化，将德育故事包含在校园文化布置中，使学生在德育环境中得到的教育。同时，以建立特色德育学校为指导方针，争取形成一个有较强影响力的德育特色学校。大力贯彻德育与学科课程的融合，建成音乐室、体育室、图书室、计算机室、化学实验室、心理咨询室等功能教室，在全校范围内营造关注和支持学生德育的风气，在学生中掀起讲道德、树新风的潮流，进一步提高学校德育工作的人本性和科学性。

（二）J市实验中学德育一体化取得成效的原因

J市实验中学道德教育取得的成绩，与家庭、学校、社会的共同参与是分不开的。

1.家庭针对子女德育的言传身教

绝大部分家长是很重视家庭德育且非常乐于与教师配合的。作为社会组成部分的家庭，其德育活动不可避免地会受到社会环境和时代的影响，但家庭教育就其本质而言还是相对私人的教育，主要是由父母在家庭中对孩子进行的一种培养行为，因此父母的文化水平、教育背景、道德修养很大程度上直接决定了孩子的德育水平和方向。父母对孩子的德育不像学校那样有固定的教材，有步骤、有计划地进行，更多是在日常的交往过程中，父母根据自己的经历以及日间交往的事例来对孩子进行德育，这种教育有与孩子原有的生活习性、行为习惯相矛盾的特点。在父母的不断纠正中，孩子的品德逐渐发展起来，由于父母与孩子的特殊关系，决定了这种德育与家庭情感之间不可分割的联系。

家庭德育是基于父母的"言传身教""身体力行"，以及孩子的"自我感知""自我控制"基础上展开的，父母与孩子的朝夕相处会弱化德育的组织性，将德育体现在日常生活的小事中，是非常细微的教育，有可能是父母有意识进行的，也有可能是无意识中感染的。如父母的动作、姿态、待人处事的方式、处理突发事件的心态等都会直接对孩子的心理状态、道德素质、习俗感知、文化积累等产生影响。在这种空间中，父母自然成了孩子的第一任教师。"幼则束以礼让，长则教以诗书"（《宋史·列传·卷二十五》），这便是家庭教育的最好体现。在孩子年幼的时候教他们礼仪规矩，再大一点便教他们文化知识、人情往来。在小时候很好地引导他们，在他们稍大一些的时候自然能将这些东西坚信到日常生活、学习中去，正所谓"少成若天性，习惯成自然"（《治安策》贾谊）。

2. 社会高度重视德育一体化工作

根据笔者的调查资料及与教师的访谈，不难发现 J 市社会各界大多主动或被动地参与了社会德育，其中党政机关及各类文化机构对社会德育的参与度最高、效果也最明显。

无论是学校系统传授的德育，还是家庭随机进行的德育引导，要真正转化为个人的内在修养，就不得不在社会德育环境中去实践、去体验。学校德育、家庭德育属于未成年人思想道德塑造、引领环节，而社会德育则是他们思想道德定型、改正的关键环节。就社会德育而言，党和政府也一直重视自身的引导、指示作用。就 J 市而言，市委、市政府的工作主要表现在以下四个方面：首先划定专门人员、资金投入基层中小学进行德育专题调研，掌握目前德育一体化的现状，针对实际问题提出相应的解决思路；其次，在调研数据基础上针对德育一体化制定了指导意见，相对之前的指导意见更为注重学校、家庭、社会三者之间配合的可操作性；三是市委领导到市内各中学考察思想政治工作开展情况，与市内部分中学师生进行座谈，相关部门加大宣传德育一体化思想力度，进行德育成就与现状的展示，鼓舞德育一体化工作的展开；四是加强对全市德育工作的监督、推动，先后针对全市德育一体化工作的进程展开三次检查。这一系列工作有利于在全市范围内营造良好的德育环境，有利于德育工作的顺利进行。

3.学校充分发挥德育主阵地作用

学校是德育的主阵地，对学生进行系统化、阶段化的德育教学，对学生的德育起着直接作用。各学校坚定"立德树人"的教育理念，全面落实教书育人的工作方针。一面落实教育改革方针，将德育课程融入其他课程中去。促进学科统筹，在进行学科教育的同时，加强德育，提升学校传授知识、育人树德的综合成就。另一方面增加德育实践活动，在校内校外开展各种形式的德育活动，完善学校德育保障机制，合理利用各种资源，提升学校的育人作用和管理能力。以社会主义核心价值观和中华民族优秀传统文化为核心德育内容，在学校营造符合时代特征的育人氛围。

学校还开展了校风、教风、学风相结合的建设活动，不仅着力提升学生的德育水平，也在尽力改造学校教职员工的德育水平，大力建设、改进学校的校风和教风，更有效地培养学生的学风。同时按照依法、民主、科学等原则对学校的制度建设进行改进和完善，采取实训工作营造育人氛围、建立督学责任区加强德育督导、强化中华优秀传统文化建设以便培养学生的文化自信和民族自信。此外，还采取了一些常规性的德育活动，如专家讲座、影视短片、模范学生、学雷锋等。

二、J市实验中学德育一体化面临的困境及原因

（一）J市实验中学德育一体化面临困境

1.家庭德育有偏颇

家庭德育的偏颇主要表现在以下两点，一是未能主动对孩子进行专门的道德教育，二是与学校、教师联系不紧密。

一般而言，家长很少对孩子的德育问题进行专门的教育，通常是就偶

然碰见的类似情况或突发情况进行事例教育，他们时常关注的还是孩子的成绩，尤其是初高中孩子的家长，因为这关系到孩子未来的发展走向。他们因为各种各样的原因会觉得成绩是孩子成长中的关键因素，而思想品德、法治观念、心理素质等会在成长过程中逐渐累积、逐渐领会，所以他们不得不将孩子的成绩作为重中之重对待。尤其是外出务工的家长，他们受工作性质限制很难有精力去关注孩子的德育，往往通过期末考试成绩来判定孩子的成长成就，这既加大了孩子的成长压力，也在无形中加大了教师实施素质教育和德育的难度。初中阶段是未成年人的叛逆时期，许多家长没有很好地引导，往往采取暴力的方式解决孩子的突发状况，不能与孩子很好地进行沟通，更不能掌握孩子的心理动态和叛逆思维，导致许多消极应对成长困境的"问题孩子"出现。思想建设是孩子成长中很重要的一个步骤，家长没有意识到孩子思想对于孩子成长的保障作用，不能从根本上解决孩子的思想问题。

大部分家长不会主动向教师询问孩子在学校的思想心理状况，也不会主动要求教师帮忙疏导孩子的情绪问题。与教师交流最多的是学习情况，偶尔与教师沟通身心方面的问题，也是教师主动发起的电话家访或实地家访。他们往往通过与孩子的直接交流了解他们在学校的情况。正是由于获取信息的方式相对单一，家长对孩子的了解也是受限制的。加上一些家长本身对教育的重要性认识不足，主动意识也不强，甚至连家长会、电话家访的形式也不是很配合，觉得孩子交给学校里其成长就应该由教师和学校全权负责。此外，家长的一些错误观念或心态也会影响孩子，给孩子成长带来负面影响。也有一些家长的心态本身也不够成熟，不能在孩子面前保持一个良好的心态，情绪时常崩溃、不能理性地做出选择，甚至有的家长还存在严重的攀比心理，将孩子看成是争光的工具，不仅对孩子的学习、生活没有健康的认识，而且将这种不正确的心态传递给孩子使孩子不能正确对待成长路上的收获与挫折。还有一些家长不能承担自己的家长职责，在孩子面前打牌、说脏话、不诚信等，不管自己的行为会对孩子造成什么样的消极影响，更难有家庭氛围概念。

2.社会德育资源利用率低

当下的学校、社会、家庭德育一体化环节中，社会拥有的德育资源是最丰富、最多样的，其德育资源若是得到很好的利用会对学生的德育产生很大的积极作用。但是由于人们对社会德育的认识不足、利用不充分，造成社会德育资源的浪费，甚至是误用。此外，从事社会德育资源开发的往往是政府机构或学校教师，他们因为自身的工作性质和德育理念限制，往往是从实践中得出感悟而不是用理论指导实践，所以针对学生的德育行动往往是在某一环节展开的，学生在参与德育实践活动的过程中可以获得的德育理论有限，很难对德育资源进行深化利用。在活动中，即使是形成了某些有特色的教育形式、有针对性的思想体系，也很难升华到理论高度。

在校外结合社会德育资源进行德育的难度也会给德育一体化带来限制，如学生的安全问题、德育与正常教学的时间冲突问题、社会秩序问题、组织团队问题等。社会德育资源的分布也并不合理，有的学校附近德育资源很丰富，有的学校附近整体社会德育资源比较差，还有一些社会德育资源虽然可以免费供学生使用，但会限制时间，这又给德育实践活动带来了困难。此外，一些可利用的社会德育资源对公益活动尤其是以中小学生为对象的公益活动并不积极，他们很难分出精力去维护、引导、服务学生，一些社会进行的德育活动也未能与学校德育内容联系。要加强学校和社会的联系，走出目前社会资源利用不足的误区，这样能更好地促进学生身心的发展，推动学生健康成长。

3. 学校德育实效性低

学校德育实效性较低是因为学校的德育与社会脱节，与日常生活的联系也并不紧密。很多学校的德育都表现为课堂上学雷锋、清明节讲烈士、校园内搞劳动等形式，学生没有参与到社会德育实践中去，就是去红色文化基地学习也只是流于形式。德育必须与学生的日常生活学习相联系，不能仅停留在口头教育上，如此才能起到德育的作用，否则就是错误消耗德育资源。部分孩子攀比心理比较严重、逆反心理较强、"官威"较重，这些不能说与学校德育低效无关。学校的德育也时常忽略"人本"因素，忘记学生才是德育活动的对象，教师对学生进行的德育知识灌输和言语行动上的指导都是以教师为主体的，从教师的角度考虑问题的，没有与学生实际相联系。学生作为教学的主要对象，他们是有自己思辨能力的，对知识的接受也是有一个过程的，对事物的变化发展也是有体会的。教师在德育教学中无法做到"动之以情、晓之以理"，是影响德育实效的重要因素。学校忽略学生在德育实践中的主体地位，不能很好地调动学生的参与积极性，虽然意识到德育工作对学生长远发展的意义，但还是围绕"成绩""升学率"打转，关注学生的智育多于德育，在德育方面既没有评价标准，也没有保障机制。

学校的德育队伍良莠不齐，许多德育工作者的年龄都比较大，呈现出德育队伍老龄化的问题。虽然多年的教学实践使他们掌握了丰富的教学经验，积累了许多的教学方法，但是不可否认的是由于年龄的关系，他们的教学理念、教学内容与社会相对脱节，并不能很好地适应教育改革，多半采用教师口授学生听讲的灌输式教学方法，并不能及时了解学生的内心活动和思想变化。德育队伍中很多教师都不是学德育出身的，德育课程也没有得到与文化课程相等同的地位，这些德育教师出于各种原因成为德育教师，他们既没有相关心理学、教育学方面的知识，后期也没有精力去进行专门的教育心理学知识的学习（以 J 实验中学为例，如表 8-2 所示），这就给初级中学德育一体化提出了很大的挑战。

表8-2　J市实验中学德育教师情况

教　师	特　点		
	年龄	学历	专业
姜××	49	中师	非德育相关专业
冯××	51	专科	非德育相关专业
张××	40	本科	心理学
刘××	51	本科	教育学

4. 家庭、社会、学校德育协调性不够高

学校是学生德育工作的主阵地，但并不是唯一的阵地，它不能取代家庭德育和社会的功能。学生的成长是在学校、家庭和社会这三个空间的共同作用下进行的，各个空间有各自不可替代的作用。现在社会成员间几乎没有形成德育一体化的共识，大家都将学校德育看成是主要阵地，家庭其次，而社会的作用几乎被忽视了。在现有的德育一体化管理体系下，也存在着学校任务重，家庭无法组织、社会组织率低等问题，在学校、家庭、社会之间没有形成有效的德育配合，往往因为学校德育比较好组织而将德育的绝大部分压力转嫁到学校，而社会德育和家庭德育的作用往往被忽视，没有在三者间建立有效地沟通体系。

具体表现在中学生身上的德育问题主要有以下几点：首先是对学校德育课程所教内容感到乏味，无法体会德育内容的情怀、精神，也没有主动学习德育理论的积极性，更不会主动参与社会德育实践。不愿意帮助他人，拒绝对他人伸出援手，缺乏助人意识，思考问题较为自私，人格魅力无法建立，学业上也没有正确的进取精神；其次是没有形成良好的行为习惯，不能很好地控制自己的表现欲，往往通过做出格的事来引起他人注意，也不认可与人为善的信念，无法践行初中生应该具有的诚信、善良、友爱、合作、责任等优良品质。最后是没有自信心，没有建立很好地自我认同体系，不能很好地处理与同学之间的竞争关系，往往异化为攀比、功利，也没有引导建立好学生的三观，往往因为家庭环境产生一些不良情绪或心态，对通过后天努力改变困境的信心不足，容易怨恨学校、家长和社会不公。没有树立切实可行的长远目标和短期目标，对自己未来的人生没有自信或是盲目自信，缺乏在社会真实环境下的沟通和交往能力，容易沉溺于网络世界。

（二）J市实验中学德育一体化面临困境的原因

1. 部分家长对德育的认识有偏差

首先，部分家长对家庭的德育功能没有一个正确认识。家庭是孩子成长的关键空间，可以说父母对孩子的教育影响着孩子的一生，父母在理性上都希望自己的孩子三观正确、心态积极、身体健康，可以享受一个丰富多彩的人生。随着时代的变化，现代人的生活方式、工作机制、家庭关系都发生了很大的变化，但很多家长并没有转变传统的、不正确的德育观念。最常见的是因为忙于工作而忽略的孩子的德育，甚至有的孩子不得不成为留守儿童，无法在正常的家庭关爱中成长，有些孩子便是在这个过程中产生了错误的自我意识，往往不会很好地表达自己的情感、需要，家庭沟通由此产生问题。家长也很容易将这些看成是青少年儿童叛逆时期的常见问题，不能很好地疏导孩子的情绪、烦恼。很多家长也会将德育问题全部扔给学校，认为学校的德育已经足够了，不会在孩子的行为习惯、道德礼仪、心理素质等方面进行有意识的引导，很多孩子因此形成了孤僻、自卑、叛逆、无安全感等性格缺陷。由于父母家庭德育观念偏颇，父母与孩子之间天然的亲近关系优势无法展现，甚至存在亲子交流障碍，家庭德育无法有效开展。

其次，一些家长过分关注孩子的成绩、忽视德育。现在正处在一个高速发展的时代，也是一个变化很快的时代，不可否认的是社会存在着很多"速成"故事和功利取向，表现在家长身上就是非常关注孩子的成绩，盲目地给孩子报各种兴趣班，将自己的孩子与别人的孩子作对比，不能正视孩子的心理需求和情感表达。尤其是中学阶段，孩子面临着升学压力，在家庭、学校和外界期望等多种因素下，往往会产生很大的心理压力，但是许多父母却没有很好地疏导孩子这一情绪，孩子的心理压力无法释放。这种过分关注成绩忽视德育的趋势并不利于学生的长远发展，很多孩子没有在这一阶段培养出良好的应试心态，在以后的成长中仍然会经受这些困扰。另外，传统家庭中的家长制作风在许多家庭中仍然存在，家长与孩子不能进行平等沟通，家长对孩子的教育也是口头教育，不能进行言传身教，孩子犯错误也是暴力解决。家庭德育过程中的问题在学校德育和社会德育中也会折射出来，学校德育困境的很多方面也是家庭德育没有发挥好自己作为第一任教师的作用所导致的。

2.社会负面价值观的消极影响

当今社会存在很多错误价值示范，例如，拜金主义、享乐主义、个人主义等盛行，欺诈犯罪、腐败堕落、因私忘公等事件频发。这些不良社会习性或社会现象会对初中孩子造成非常不好的示范，他们对世界充满好奇，对于该做的和不该做的界限把握还不明晰，很容易被诱导尝试不好的事情。负面价值观也会模糊青少年学生内心关于是非曲直、公道人性的判断，造成他们"三观"的混乱。甚至社会上还有一些人针对青少年学生的身心特征，专门设计了很多骗局，让一些低俗的、暴力的、不健康的东西污染他们的心灵，动摇青少年本不坚定的心智，影响青少年的健康成长。

社会的不良风气加大了学校德育的困难，学生的价值观很容易受到社会现象影响。尤其现代网络传媒内容庞杂，很多内容"打擦边球"，极大地影响了青少年对于世界的看法，左右了他们的人生态度，影响了他们的思想道德发展。网络世界内容丰富，远比课程教学生动有趣，对于青少年的吸引力大于教师授课、家长说教，甚至影响了孩子的价值取向，使孩子们无法踏实努力、静心学习。一些沉溺于网络世界的学生无法避免地成绩下降，甚至自制力差、脾气暴躁、思想混乱，这需要学校、社会和家庭的共同努力。

此外，高分尖子生的概念仍然是社会主流价值观。在这一概念的影响下，学校、家庭、社会对孩子成绩的过度关注，是形成学生压力、心理问题的重要原因。社会大多以成绩来衡量一个人的学习能力和执行能力，社会评价一个学校的好坏也是根据升学率来看的，因此学校和学生都在这种评价体系下不断努力以提升自身竞争力，但是学校的育人功能、学生的学习乐趣都在无形中降低了，同时对社会德育造成负面影响。

3. 学校一些德育工作的脱节

学校所教学的德育知识与社会生活有一定程度的脱节，学生在学校所学的德育知识并不能很好地运用于社会生活，这些与社会环境复杂有很大关系，更与学校德育内容陈旧有很大关系。学生有时候甚至会觉得学校所学与社会所需脱节，相对而言学校环境相对简单，校园关系相对和谐，学生在学校学习践行的是一套比较简单的、易分辨的价值观，而在社会交往践行的价值观则会复杂一些。学校的德育往往将德育作为一种知识，没有将其作为一种交际手段或是交往规则，无形地将学生所学的知识与社会生活割裂开来。

学校德育与学生身心特征脱节。初中阶段是学生自我意识觉醒的重要阶段，他们正在形成自己对外界的看法，有很强的主体意识。但是学校在德育工作中也没有将知识与学生的成长联系起来，只是将教学当工作任务，照本宣科地传达课本知识，没有尊重学生的课堂主体地位，没有考虑到学生的思想、情感，灌输式地教学，学生无法认同或体验课本德育知识。另外，一些德育教师也存在不好的行为示范，不能言行一致，甚至在教学过程中存在不尊重学生、辱骂学生的现象，导致学生对教师的尊重只是由于害怕教师权威而做的表面恭敬，对教师所讲的东西不仅不认同而且反感。没有根据学生的身心特征、性格习惯进行教学，只是对德育知识进行阅读式教学，可以说是学校德育实效性差的重要原因。

第三节　初中德育一体化的实践路径

一、为德育构建良好的外部环境

（一）家庭的支持

在意识上，父母必须重视家庭德育的作用，要有目的地了解、掌握孩子的生理、心理成长过程，理解、熟悉孩子的成长规律，自觉提升自身素质，主动学习科学的德育方法。不过分溺爱孩子，也不过分严厉地斥责孩子的不良行为习惯或相对较落后的学习能力，时常鼓励孩子引导孩子。用平等的、智慧的、有技巧的方式来与孩子沟通、合作，了解孩子、尊重孩子、协调与孩子之间的意见分歧，让孩子能够与父母平等地、真诚地交流。要在家庭教育中培养孩子的自信心，正确对待外界的评价，既不会因为一点批评就丧失信心，也不会因为一些夸奖就沾沾自喜。家长也可以在日常生活中与孩子一起参与活动，在活动中将一些优秀道德品质、重要法律知识等传达给孩子，如在看电视的过程中就可以引导孩子学习很多待人接物的方法。

为了更好地将家庭德育、社会德育、学校德育结合起来，家庭德育还必须与学校德育理念保持一致（相对于社会德育，学校德育的理念更统一，更容易把握）。家长除了认识到自己德育老师地位，在看待各种问题时还应尽量保持一以贯之的价值观，并尽量与学校的德育理念契合。如此，学校和家庭两方面的德育作用方能朝同一方向牵引，更容易树立孩子的德育观念，同时不会给青春期的孩子带来更多困惑，无形中树立、加强孩子对学校和家长的信任感。家庭德育还必须坚持循序渐进的原则，要尊重、顺应孩子的成长规律，不要以家长的主观意志去强迫孩子在短时间内变成自己想要的样子。这里面包含两层意思，一是不要强迫孩子以违背他成长规律的速度成长，二是父母要持续关注孩子的身心。家庭德育还需要家长不断增长自己见识、开阔自身眼界，家长要顺应时代的变化，多学习、了解一些心理学、教育学方面的知识，还要不断调整自身教育理念、教育方法，同时要与时代特色相联系，尽量在日常生活中的方方面面去自然地引导孩子进而达到教育目的。

（二）社会的支持

社会实践是检验学生德育成果，丰富学生德育体验的重要环节。在社会实践中尽力挖掘德育资源，尽力争取社会各界对学生德育的支持，形成家庭、学校、社会德育的协调统一格局，这是当前开展的德育一体化的重要任务。因为社会德育内容的分散性和丰富性，要充分利用德育资源就必须引起全社会的重视与参与。目前社会德育最大的困难就是没有一定的组织网络，由此带来的问题就是社会德育缺乏组织性、实效性。所以要有组织、有计划地实行社会德育，就需要成立一定的社会德育组织和社会德育队伍。如"学生家长委员会""社区家教指导委员会"等组织的成立是十分必要的，这些组织不只是将家长或社会德育人员集合在一起，还要邀请有影响的德育专家来传授德育经验、理论，同时要有权威的、有信誉的人来负责组织的管理、运营。社会德育队伍的创立可以邀请道德模范参与，以他们为主体定期与学生交流，让他们以自身实际经历来感染学生。

社会德育组织进行德育活动需要场地，所以社会德育还需要建立相关的德育基地，根据各个地区德育资源的差异可以成立传统德育基地、爱国主义教育基地、社会实践基地、军事学习基地等。依据因地制宜、因时制宜的原则，以德育资源为中心向社会四周扩散。另外，利用社会德育资源进行德育必须坚持以下三个原则：首先是公益性原则，社会德育活动是出于为社会服务、优化社会德育环境的目的，要实现这一目的就需要吸引更多的人参加，它在本质上与盈利性活动是有区别的；其次是体验性原则，社会德育实践最突出的特点就是学生可以在实际环境中去体验、去感悟，将学校、家庭所学的德育知识转化为行动；最后是自主性原则，社会德育活动要尽可能地发挥学生的主动性，一般不以校为单位组织活动，以班级或小组为单位较好，这样既不会影响学校的教学进程，也可以给学生给提供更多的自主选择空间，活动中除必要的指导外，最好还是让学生自己体会感悟。

二、提高初级中学德育的实效性

（一）增强德育教师的综合素质

学校是德育的主阵地，教师便是德育的指导员，对学校德育的开展，以及学生思想、心理、法律常识的培养等方面均有重要作用。因此，建设一支德育经验丰富、德育知识渊博、教学方法多样的教师队伍是学校做好德育工作的基础。德育教师队伍的建设一方面要在法律法规上对教师的行为做出规定与保护，另一方面要对教师的业务水平和德育素养进行更新和丰富。另外，在德育教师的生存问题上也需要给予更多关注，通过提高德育教师的薪资水平，提高德育教师工作积极性。学校还可以为德育教师提供一些学习机会，完善学校德育工作激励政策，减轻德育教师的工作压力。

作为德育教师，必须要有过硬的职业素养。作为教师，首先必须要有良好的师德，这是教师工作的灵魂所在，师德也是德育工作的实施载体，也是德育教师教学实践的保障。教师要以身作则、严于律己、遵守职业道德，使自己的行为符合德育教师身份。其次，德育教师要积极参与德育科研工作，将学生德育的重点落实到德育实践上来，要针对学生实践中的误区、困惑进行探讨，有目的地对学生进行教育引导，提高学校德育的实效性。最后，德育教师还要能够自我反思，时刻反省自己的言行、教育，并且要有自我学习的意识，自觉学习、了解当下时政，及时发现不足。

德育教师的德育成果最终是要体现在日常生活中的，所以德育不仅要解决知不知道、会不会做的问题，还要解决信不信任、行不行动的问题。要解决这些问题，课堂德育就需要打破传统的灌输式教学方法，丰富课堂形式，将课堂延伸至课外，将校内德育延伸至校外。就课堂教学而言，除简单的教师讲授之外，还可以通过主题班会、辩论会、征文等多种形式，打破原来课堂教学脱离实际的困境，增强德育的可操作性和针对性。

（二）构建完善的德育体系

学校德育要形成体系，需要进行改革，且改革本质并不在于某种教学手段的突破，而是要将德育课程实施的目标转换成唤醒学生主体道德意识的成长。要达到这一目的，学校德育需要进行以下三方面的改变。

　　首先，要从原来关注德育知识的讲授转变为更加关注学生主体的德育实践。在大众传媒疯长、信息爆炸式增长的今天，青少年学生可以通过多种渠道获得真实的或虚拟的体验，这些不仅在数量上，还是内容复杂程度上而且在传播速度上都远远超出了课本教材所构筑的德育经验。因此，当前学校德育需要由以教师为中心、以课堂为中心转变为以学生为中心、以实践为重点，将学校德育建立在有实践意义的教育上。

　　其次，学校德育既要关注学生认知的增长，还要关注学生情感的变化，要培养学生积极的心态。德育学习与学科学习有一定的差异，前者比后者更需要情感体验，甚至可以说任何德育学习都是在处理人与人、人与组织之间交往的过程中展开的，是在反复践行、感知和领会中进行的。因此，德育需要重视疏导学生情绪，引导学生用正当的方式表达情感。德育应抛弃死板的灌输，反对未经思考的、没有体验的概念式传授，应立足在人本基础上，不是单纯地经验传授或简单告诫，需要与学生展开对话、使学生对德育产生认同感。

　　最后，德育是一个过程，既是学生接受外部影响的过程，也是自身观念逐渐外显为行为的过程。较之于一般的学科知识学习，它的适应和调整周期更长，是一个更个人化的过程，主体性非常强。德育过程不是一层不变的，是随着学生的经历变化而逐渐丰富的，有意义的德育要求学校以学生为主体，引导学生进入德育情境，让他们在德育过程中逐渐理解、领会德育的内涵，修正自身的不足。

三、链接家庭、社会、学校的德育网络

（一）发挥家庭、学校、社会德育的共同作用

　　家庭德育的好坏对于社会德育、学校德育的实施来说是非常重要的，若家庭德育成效良好，那么学校德育和社会德育的难度就会下降很多，相应的德育成效也会好很多；若家庭德育成果不佳，那么学校德育和社会德育的难度也会相应地增加。在家庭中，父母的一言一行、文化水平、道德修养、家庭关系等都会直接影响孩子，是形成孩子个性和思维习惯的直接影响因素。为此家长应意识到自己对孩子的德育意义，自觉提升自身教育方法、

提高家庭德育的实效性，为孩子树立良好的家庭榜样，分享给孩子成功的实践经验。家长间也可以成立一些家长委员会，彼此交流教育经验和方法，同时要重视与学校的联系，与学校德育观念保持一致。

学校德育也要加强与家庭德育的联系，争取在彼此间形成德育取向统一，二者互相配合、共同展开对孩子的教育。学校要了解家长对孩子的态度，尽量引导家长对孩子的德育，帮助学生与家长之间建立良好的亲子关系，对家庭困难或有其他特殊情况的孩子予以重点关注。同时可以利用家长会或家访的机会，将涉及青少年身心成长的理论知识与家长分享，帮助组织建立家长委员会，使其彼此间交流沟通德育经验。学校在对孩子进行德育时，也要有意识地培养孩子对家庭、社会的责任感，培养孩子热爱劳动、尊敬师长、独立自主等优良品质，尽可能地在实践活动中让孩子们展现这些品质，比如，组织孩子到敬老院去看望老人，鼓励孩子在家里尽量承担力所能及的家务等。

青少年是祖国未来的花朵，社会对他们的影响也是潜移默化的。应引导社会价值取向，加强对社会德育氛围的把控，加大社会德育资源的开发利用，一些不利于青少年健康成长的视频、舆论倾向等都要及时控制。

（二）以学校为主体的家、校、社会德育结合

在德育理念上，对初中学生大力开展优秀传统文化教育、民族自信教育、爱国爱党教育、文明礼仪教育。同时在一些重要纪念日、关键节日、重大活动期间，应该与社会氛围配合、以团组织为依托，在学生内部进行各类德育活动。引导青少年学生尽早树立远大目标，鼓励学生通过自身奋进、自身思考来实现长远目标，为中华民族的伟大复兴凝聚力量，将学生的爱国情怀具体为一件件小事，一个个小目标，帮助学生树立正确的人生观、世界观和价值观，增强学生对未来成长的信心。

在德育组织上，以学校四周的德育资源为载体建立各类德育基地，设立各种文化艺术特长教育课程，打造丰富多样的学校和社会生活。建设和完善青少年校内外活动场所、设施，如校史馆、德育角、图书室、科技馆等；充分利用学校的校园网络设施，及时更新德育资源，并利用上述资源给德育教师提供指导和帮助；在校外开展学生进社区的互动，让学生体验

照顾老人、打扫卫生等，营造尊老爱幼、爱护环境、遵守规则等良好风气。在不影响学校正常教学秩序的前提下，充分共享社会和学校的德育资源，形成区域联动，促进学校德育和社会德育的共同发展。

在德育心理上，针对初中学生的心理特征，建立学生心理健康教育基地，邀请有经验、有资质的心理教师，给学生提供情绪宣泄、心理咨询、减缓压力、沙盘测试等项目，引导学生合理发泄情绪，给学生传授心理健康知识。家长委员会中也应成立心理健康教育中心等组织，帮助家长学习青少年心理健康相关知识，以便更好地解决青少年学生的心理困惑。教育部门可以联系一些德育专家，通过录制视频、发放材料、网络直播等方式对学生家长进行德育培训。

四、建立针对学生的道德水平监督体系

（一）建立学生道德水平评价机制

学校以往并没有针对学生德育的具体评价标准，一些德育理念的宣传也只能对有自觉、有意识的学生起作用，学校评价学生的成绩标准带来的消极后果便是难以保证所有学生都有所进益。在新一轮的课程改革中，人本教育、德育得到更多重视。针对当前情况，德育评价体系的形成势在必行，针对之前的评价机制，德育评价在评价目的、内容、方式等方面都有了相应调整。德育评价的目的是推动学生的长远发展，既不是为了甄别学生学习成绩的好坏，也不是为了选拔优异学生，而是关注学生的成长和进步，并根据德育发展中的问题提出相应改进措施。

这体现在德育评价用语上便是多使用激励性语言，系统全面、客观科学地评价学生的学习过程及现状，积极表扬学生所取得的进步，关注学生在哪些方面有了新的掌握、新的理解，具备了何种能力，发现了学生的哪些潜力，同时帮助学生明确自身的不足与缺陷，确定自己的努力方向和改进之处，从而达到促进学生发展、树立成长目标、提高学习兴趣的评价目的。德育评价的内容更为多样，将终结性评价与形成性评价相结合。将学生行为观察、场景测试、学习日记、学习成绩等都纳入评价内容，既要关注学生德育知识的掌握与理解，又要关注他们情感、态度、

价值观的产生与发展；既重视学生德育学习的结果，也要了解他们在德育学习中的改善和进步。德育评价主体、评价方式应突破教师评价和成绩评价这两个简单的选项，提倡将自评、他评、互评相结合，使德育评价成为学生、教师、管理者等群体共同参与的行为，有利于学生形成民主、合作、沟通、协商等积极情感、态度、价值观，也使得德育评价更为公正、客观。

（二）利用社会检验学生德育成果

学生的德育成绩最终将在实践中得到检验，也只有在实践中才有更深的体会与改进的可能。在社会实践中，学生所学所感的道德认识、道德情感自然指引着他们的道德行为，自身潜在的思想品性转化为明显的行为德行，只有在这个时候才能明显地看出学生品德的发展现状。同时，学生只有将了解、认识到的德育知识运用到社会实践中去，才能对自身品德有所提高，避免"知行不一"的情况出现。此外，学生的社会德育实践也要采取签到方式避免学生逃避，在活动完成后对学生活动进行盖章作为后期评价的证明，尽可能推动家庭、学校、社会德育一体化运行。

教育主管部门建立、完善德育评价体系，制定德育评价体系实施方案，明确德育成效评价方法，建立学生德育成绩档案，有可能的情况下可以将德育成绩纳入学生升学考核中。若是纳入升学考核，必定要更加重视对德育评价体制的监管，一旦将德育成绩纳入升学机制，将德育成绩记入学生档案，必然会对学生以后的升学、工作产生很重要的影响。所以教育部门要成立专门的组织或主管单位来监督学校德育评定，如德育评估办公室等，通过定期检查和临时抽查，保证德育评估机制的正常运行，同时能对工作中出现的问题和状况及时进行处理，尽可能保证德育评价的公正、公平、公开。

附 录

初中德育教学管理问卷

各位同学：

您好！感谢您百忙之中阅读这份调查问卷，请您根据自身的客观情况，按题目要求选择相应的答案，您的答案将有助于我进行初中德育教学管理的研究，旨在了解和研究贵校德育教学管理现状，感谢您的支持与配合！该问卷采用匿名调查的方式，我会对您的回答严格保密。

一、基本信息（请在所选项目的字母上打"√"）

性 别：A、男　B、女

年 级：A、初一　B、初 二　C、初三

二、德育管理内容现状调查部分（请根据你的真实感受和实际情况作答，如无特殊说明，每题只选一个答案。请在所选项目的数字上打"√"）

题目	非常符合	比较符合	一般	比较不符合	非常不符合
1.你认为学校安排的德育计划是合理的	⑤	④	③	②	①
2.你对学校的校园环境和德育氛围满意	⑤	④	③	②	①
3.你认为学校开展德育教育和德育活动有意义	⑤	④	③	②	①
4.你认为学校开展的德育活动具有吸引力	⑤	④	③	②	①
5.你认为学校制定的德育计划对自己能起到教育作用	⑤	④	③	②	①
6.你积极参加志愿者服务活动	⑤	④	③	②	①
7.你参与学校德育活动的主要原因是校方要求的	⑤	④	③	②	①
8.你认为学校组织的德育活动丰富多彩	⑤	④	③	②	①
9.你认为学校德育管理部门健全	⑤	④	③	②	①
10.你校有专门德育管理部门	⑤	④	③	②	①
11.你校每学期都组织学生到德育基地进行参观或实践	⑤	④	③	②	①
12.你认为学校德育管理工作与家庭教育有关联	⑤	④	③	②	①

续表

题目	非常符合	比较符合	一般	比较不符合	非常不符合
13. 你认为学校组织安排的德育工作合理	⑤	④	③	②	①
14. 你校每学期定期制订班级德育计划	⑤	④	③	②	①
15. 你支持校园开展德育文化活动,如义卖活动、爱心日等	⑤	④	③	②	①
16. 你对学校组织开展好人好事活动感兴趣	⑤	④	③	②	①
17. 你积极参加学校组织的德育课外集体活动	⑤	④	③	②	①
18. 你认为学校举办德育文化活动能起到教育作用	⑤	④	③	②	①
19. 你赞同"道德与法治"课的教学形式为教师教授	⑤	④	③	②	①
20. 你认为父母很关心你的思想道德品质	⑤	④	③	②	①
21. 除思想品德课外,其他科任教师经常在课堂上进行道德品质教育	⑤	④	③	②	①
22. 你认为学校德育评价主要以教师评价为主	⑤	④	③	②	①
23. 学校除德育教学外,还通过课后师生互动、榜样学习等多种方式进行道德教育	⑤	④	③	②	①
24. 你认为学校德育教学、课下师生互动、师长言行示范等德育方法具有教育意义	⑤	④	③	②	①
25. 你能顺利区分课上(德育课)和课下(师生交流、文化活动熏陶等)不同形式的德育方式	⑤	④	③	②	①
26. 你认为学校德育课程具有教育作用	⑤	④	③	②	①
27. 你对学校的德育课程感兴趣	⑤	④	③	②	①
28. 你认为学校德育课程主要以说教灌输为主	⑤	④	③	②	①

三、意见和建议

1. 请列举一条你认为最不合理的学校德育教学管理现象,并说明原因。

2. 你认为现行的学校德育工作有哪些地方需要改进?

非常感谢您对本调查的支持!

参 考 文 献

[1] 徐中舒. 《左传》的作者及其成书年代[J]. 历史教学，1962（11）.

[2] 赵祥麟，王承绪，编译. 杜威教育论著选[M]. 上海：华东师范大学出版社，1981.

[3] 唐先田. 不灭的民族之魂[J]. 安徽大学学报：哲学社会科学版，1981（04）.

[4] 陶行知. 陶行知全集（第一卷）[M]. 长沙：湖南教育出版社，1984.

[5] [美]玛格丽特·米德. 文化与承诺[M]. 周晓虹，译. 石家庄：河北人民出版社，1987.

[6] [美]埃.弗洛姆. 为自己的人[M]. 孙依依，译. 北京：生活. 读书. 新知三联书店，1988.

[7] 吴晗. 吴晗史学论著选集（第3卷）[M]. 北京：人民出版社，1988.

[8] 戴本博. 外国教育史（下）[M]. 北京：人民教育出版社，1990.

[9] 杜威.民主主义与教育 [M]. 北京：人民教育出版社，1990.

[10] 邹进.现代德国文化教育学[M]. 太原：山西教育出版社，1992.

[11] 心理学百科全书编辑委员会编. 心理学百科全书[M]. 杭州：浙江教育出版社，1994.

[12] 戚万学，杜时忠. 现代德育论[M]. 济南：山东教育出版社，1997.

[13] 张永新. 简论严复"鼓民力、开民智、新民德"的教育观[J]. 教育评论，1997（01）.

[14] [德]米歇尔. 兰德曼. 哲学人类学[M]. 阎嘉，译.贵阳：贵州人民出版社，1998.

[15] [美]保罗. 库尔兹. 21世纪的人道主义[M]. 肖峰，等，译. 北京：东方出版社，1998.

[16] [美]麦克莱伦. 教育哲学[M].宋少云，译，北京：生活. 读书. 新知三

联书店，1998.

[17] [美]霍华德．加德纳．多元智能[M]．沈致隆，译．北京：新华出版社，
1999.

[18] 张文新．儿童社会性发展[M]．北京：北京师范大学出版社，1999.

[19] 于鲁文．心理咨询导论[M].北京：清华大学出版社，2000.

[20] 张厚粲．大学心理学[M].北京：北京师范大学出版社，2001.

[21] 戴钢书．德育环境研究[M]．北京：人民出版社，2002.

[22] 范国睿．学校管理的理论与实务[M]．上海：华东师大出版社，2003.

[23] 李祖超．教育激励刍议[J]．中国教育学刊，2003（05）.

[24] 张岱年，方克立．中国文化概论（修订版）[M]．北京：北京师范大学
出版社，2004.

[25] 王林义，龙宝兴.重新认识德育课程[J]．课程．教材．教法，2005
（09）.

[26] [美]亚伯拉罕．马斯洛．动机与人格（第3版）[M]．许金声，等，译.北
京：中国人民大学出版社．2007.

[27] 周继道．教学法[M].北京：新时代出版社，2008.

[28] 詹世友，汤清岚．美德的内在结构及其塑造途径[J]．道德与文明，
2009（03）.

[29] 鲁洁．当代德育基本理论探讨[M]．南京：江苏教育出版社，2010.

[30] 曾品元．《大学》之道学阐微[J]．求索，2010（03）.

[31] 孔毅．智德·智能·才性四本——汉魏之际从重智德到尚智能的演变
及影响[J]．重庆师范大学学报（哲学社会科学版），2010（04）.

[32] 鲁洁．道德教育的根本作为：引导生活的建构[J]．教育研农究，2010
（06）.

[33] 张志刚．陶行知生活教育理论对基础教育改革的启示[J]．文理导航，
2011（12）.

[34] 檀传宝．德育的力量[M]．上海：华东师范大学出版社，2012.

[35] 李玉胜．为了教育的自由——蔡元培教育理念和实践透析[J]．开封大
学学报，2012（04）.

[36] [美]霍华德.加德纳．智能的结构[M]．沈致隆，译．杭州：浙江人民出
版社，2013.

[37] 班华. 德育目标应有的要求：民族精神与世界精神统一[J]. 教育研究，2013（02）.

[38] 林崇德主编. 品德发展心理学[M]. 西安：陕西师范大学出版社，2014.

[39] 檀传宝. 德育与班级管理[M]. 北京：高等教育出版社，2014.

[40] 王芳. 当代中国社会主义核心价值体系建设研究[D]. 中共中央党校，2014.

[41] 赵绪生. 传统文化与时代精神[M]. 西安：陕西师范大学出版总社有限公司，2015.

[42] 杜时忠，曹树真. 社会主义核心价值观"进教材"的教育学探索[J]. 教育研究，2015（09）.

[43] 侯蓝烟. 梁启超群治文学观研究[D]. 太原：山西大学，2015.

[44] 管霞. 陶行知美育思想研究[D]. 重庆：西南大学，2016.

[45] 张世英. 哲学导论[M]. 北京：北京大学出版社，2016.

[46] 孙绵涛. 德育治理考验协调智慧[J]. 中国德育，2016（07）.

[47] 友方，李春柳. 新媒体环境对初中德育工作的影响探讨[J]. 新课程导学，2016（07）.

[48] 温儒敏."部编本"语文教材的编写理念、特色与使用建议[J]. 课程·教材·教法，2016（11）.

[49] 罗映光. 重视根本问题 围绕中心环节 坚持全员全程全方位育人[J].思想理论教育导刊，2017（01）.

[50] 桂贤娣. 我怎样成了一名班主任导师[J]. 教师教育论坛，2017（08）.

[51] 徐洪兴. 唐宋之际儒学转型研究[M]. 上海：上海人民出版社2018.

[52] 李乃涛. 中小学德育管理中的三重矛盾与解决路径[J]. 中国德育，2017（16）.

[53] 单虹泽. 以友辅仁：论儒家的友伦与政治传统[J]. 理论与现代化，2018（06）.

[54] 罗祥相. 论老子"自然"思想的逻辑展开[J]. 哲学研究，2020（02）.

[55] 闾小波. 何以安民：现代国家"根本性议程"的赓续与创制——以王韬、李大钊和毛泽东为中心的讨论[J]. 文史哲，2020（02）.

[56] 叶树勋. 老子"物"论探究——结合简帛《老子》的相关信息[J]. 中国哲学史，2021（01）.